El Negocio de 4 Horas

por

Helio Laguna

Título: El Negocio de 4 Horas

© 2014, Helio Laguna

©De los textos: Helio Laguna

Ilustración de portada: Pedro Lancheros

Revisión de estilo: Sento Lorente

1ª edición

¡¡IMPORTANTE!!

El autor no puede garantizarte que, los resultados obtenidos por él mismo al aplicar las técnicas aquí descritas, vayan a ser los tuyos.

Básicamente por dos motivos:

1. Sólo tú sabes qué porcentaje de implicación aplicarás para implementar lo aprendido (a más implementación – más resultados).
2. Aunque aplicaras en la misma medida que él, tampoco es garantía de obtención de las mismas ganancias, ya que, incluso podrías obtener más, dependiendo de tus habilidades para desarrollar nuevas técnicas a partir de las aquí descritas.

Te recomiendo que imprimas este Ebook para tener un mejor acceso a la información, una vez comiences a trabajar con él.

Así pues, buen trabajo y mejores Éxitos.

Índice

INTRODUCCIÓN

¿QUÉ ES EL MODELO DE NEGOCIO DE 4 HORAS?

MÓDULO 1: "ELECCIÓN DEL NICHO"

"1.1 ¿Qué nichos son rentables en Email Marketing?"

"1.2 Ideas de Nichos."

"1.3 Investigación de Nichos en Clickbank "

"1.4 Investigación de Nichos en Magazines.com"

"1.5 Investigación de Nichos en Offervault.com "

"1.6 Decide Cuál será tu Nicho para tu Negocio de Email Marketing"

MÓDULO 2: "¿QUÉ ES UNA PÁGINA DE CAPTURA?"

"2.1 ¿Qué es una Página de Captura?"

"2.2 Diseño de la Página de Captura"

"2.3 ¿Qué Información Recolectar?"

"2.4 Registro Sencillo vs. Registro Doble"

"2.5 El Incentivo Gratuito"

"2.6 ¿Qué Decir en tu Página de Captura?"

"2.7 Crea tu Página de Captura."

MÓDULO 3: "AUTORESPONDEDORES"

3.1 Introducción a los AUTORESPONDEDORES.

3.2 AUTORESPONDEDORES (2a. Parte)

3.3 Rastreo de Clicks

3.4 Crea tu Cuenta de AUTORESPONDEDOR y Configura tu Campaña.

3.5 Las 3 Reglas de la Estrategia de Email Marketing

3.6 Correos de Contenido

3.7 Correos de Contenido 2

3.8 Correos de Relaciones

3.9 Correos de Relaciones 2

3.10 Correos de Relaciones 3

3.11 Correos de Promoción y Venta

3.12 Vendiendo a través de Webinarios

3.13 Correos para Promover Lanzamientos

3.14 Escribe tus primeros 7 correos

MÓDULO 4: "MONETIZACIÓN"

4.1 Monetización

4.2 El Arte del Modelado

4.3 Monetización y Construcción de Relaciones

4.4 Tres Condiciones Críticas para Elegir una Oferta

4.5 Dos Tipos de Promociones

4.6 Monetización con Programa de Afiliados

4.7 Redes de Afiliados

4.8 Ofreciendo Tus Propios Productos

4.9 Ejercicio

MÓDULO 5: "TRÁFICO"

5.1 Introducción al Tráfico

5.2 Genera Tráfico como Blogger Invitado

5.3 Manos a la Obra

5.4 El Poder de los Foros

5.5 Tráfico con Comentarios

5.6 Twitter (Primera Parte)

5.7 Twitter (Segunda Parte)

5.8 Yahoo Respuestas

MÓDULO 6: "OPTIMIZACIÓN"

6.1 Incrementando Entregas y Resultados

6.2 Indicadores de Rastreo

6.3 Plantillas Prediseñadas

6.4 Aumenta los Índices de Apertura

6.5 Batalla contra el Spam

6.6 El Arte del Copywriting

6.7 ¿Qué hacer cuando lo que haces No está Funcionando?

INTRODUCCIÓN

¡Hey, Heliosaki aquí!

Antes que nada, darte las gracias por tu confianza y darte la bienvenida a mi nuevo lanzamiento...

"El Negocio de 4 horas a la Semana"

¿De qué trata este Curso?
Este curso es sobre cómo hacer Negocios con Email Marketing.

Voy a mostrarte cómo crear un negocio real y sustentable, que perdura y del cual te sentirás orgulloso.

Soy emprendedor de negocios online casi 10 años y durante este tiempo, he hecho diferentes tipos de negocios.

Pero si pudiera recomendarte UN modelo en particular como lo haría a un amigo cercano o un miembro de mi familia, sin duda sería el Email Marketing.

Gracias al Email Marketing, he alcanzado la libertad financiera y el nivel de vida que quiero.

Email Marketing hizo el sueño posible después de haberlo intentado todo: Bienes inmuebles, bolsa de valores, mercadeo en red, compra de oro, etc.

<u>Pero déjame contarte lo que NO es este entrenamiento:</u>

1. No es un esquema para **"volverte rico"** rápidamente.

2. No es el modelo que **te hará ganar sólo unos cuantos dólares en línea.**

3. No es el tipo de negocio que **implica ir tras de una oportunidad con   resultados sólo a corto plazo.**

4. No se trata de **invertir miles de dólares en infraestructura, oficinas y contratación de empleados.**

Por supuesto, contar con capital inicial ayuda, pero yo comencé mi aventura en los negocios online con unos **100 $**.

<u>¿Qué necesitas para comenzar?</u>

- Una computadora con conexión a internet.

- 100 $ (para los servicios de tu negocio).

- Voluntad de tomar acción y tomar decisiones.

- La estrategia correcta.

Esa estrategia es este entrenamiento: <u>El Negocio de 4 Horas.</u>

El mapa es el mismo sistema que utilicé para construir mi negocio.

No es un negocio complicado, de hecho, muchos estudiantes han construido ya su negocio siguiendo mis pasos.

Y tú puedes formar parte de esta comunidad de emprendedores exitosos en Email Marketing.

Se trata de emprendedores que han desarrollado una buena **reputación** en el negocio del Email Marketing.

Esa **reputación** la han ganado mediante el respeto de su lista de suscriptores y clientes.
Para elevar tu negocio al siguiente nivel, ayuda desarrollar la mentalidad adecuada.

¡Decídete ahora mismo a tomar acción!

Prométete a **Ti** mismo que serás persistente.

Esto es muy importante, tal como lo es en cualquier otro negocio.

Por fortuna, con este curso te mostraré cómo tener un negocio rentable tan rápido como sea posible.
Y una vez que alcances *Momentum*, catapultar tu éxito al infinito y más allá.

Pero primero, quiero darte una idea de lo que se trata este negocio. La perspectiva "MACRO".

Cuando veas tu negocio dentro de un año, una vez que te haya generado el nivel de vida que deseas para ti y tu familia, te preguntarás *¿cómo lo hice?*

¿Qué piezas colocaste en su lugar y cómo lograste completar el rompecabezas completo?

Eso lo sabrás cuando seas parte de El Negocio de 4 Horas.

Así que, no te entretengo más, el tiempo es oro.

¡Empieza a forjar tu Nueva Vida a partir de YA!

¿QUÉ ES EL MODELO DE NEGOCIO DE 4 HORAS?

¿En qué consiste este modelo de negocio?

Comenzaré con los aspectos más obvios.

Al ser un modelo de negocio **es un modelo para ganar dinero**, en este caso por medio de Email Marketing y **genera utilidades de una forma muy sencilla.**

Recuerda esta definición:

"En el Email Marketingconstruyes RELACIONES con una lista de suscriptores mediante el envío regular de Correos Electrónicos.
Las ganancias provienen de la Promoción de Ofertas en esos boletines a tus suscriptores."

Es fundamental que comprendas y hagas tuya esa definición desde el principio.

Para ello, te explicaré cada parte:

"RELACIONES"

Cualquiera puede comprar una base de datos de un millón de direcciones de correos electrónicos, contratar un sistema de envío masivo de correo electrónico, colocar un anuncio "chafa" y ofrecerlo.

Eso NO es Email Marketing, eso es SPAM.

Y no es lo que mis estudiantes hacen.

El Modelo de **Negocio de 4 Horas** es un modelo de negocio de **Relaciones.**

Pueden no ser relaciones cara a cara, donde alguien entra a tu tienda y te compra en persona, pero sin lugar a dudas, **es la relación que un Marketero, un autor o un experto, tienen con su audiencia o fans.**

Por ejemplo, si publico un boletín diario sobre comida saludable la gente que lo lee está buscando un consejo de mi parte.

- El lunes podría enviarles una receta de un aperitivo saludable.

- El martes alguna sugerencia para comer fuera de casa.

- El miércoles puedo compartirles el nuevo sistema de pérdida de peso que estoy probando.

- El jueves puedo enviarles un enlace hacia un vídeo sobre suplementos de calcio.

- El viernes recomendarles un suplemento de proteínas que utilizo personalmente.

- El sábado puedo contarles más sobre el sistema de pérdida de peso.

- El domingo puede ser un correo motivacional que los invite a comer saludable aún los fines de semana.

Conforme mantengo el ritmo de comunicación con ellos, día tras día, semana tras semana, mes a mes, mis lectores...

    a. **Creerán en mí.**
    b. **Respetarán mis opiniones.**
    c. **Me percibirán como un experto.**
    d. **Confiarán en mis recomendaciones.**
    e. **Considerarán comprar algún producto que yo les recomiende.**

Incluso pueden rechazar cualquier producto y criticarlo.

Es como cualquier otra relación.

Dependerá de la comunicación y confianza, de la retroalimentación que se dé entre vosotros.

Ahora, veamos otra parte del modelo.

"ENVÍO REGULAR DE TU BOLETÍN INFORMATIVO"

Seguro que en alguna ocasión has registrado tu correo para recibir información GRATIS, Tips, un reporte en PDF o material en audio y vídeo.

Al hacerlo, quedaste registrado en la lista para recibir de forma periódica comunicaciones por correo electrónico.

Cuando aplicas el modelo de **Negocio de 4 Horas**, los papeles se intercambian.

Ahora TÚ tendrás tu propio formulario de registro, y estarás enviando tu propio boletín informativo y eso te convierte en un Marketero.

Esto significa que estarás enviando regularmente tu

boletín.

No puedes generar retroalimentación con la gente si no les hablas.
Tu boletín será la forma de comunicación con ellos.

Uno de los retos del Email Marketing es asegurarte de que te comunicas con frecuencia, preferentemente a diario.

Te enseñaré muchas formas de hacerlo sin que sea motivo de estrés para ti.

Lo siguiente es identificar **QUIÉN es tu suscriptor.**

"LA LISTA DE SUSCRIPTORES"

En la capacitación **EN4H**, me escucharás referirme a ellos como **"la lista".**

Recuerda esta definición:

"ALGUIEN SE ENCUENTRA CON TU BOLETÍN Y LLENA EL FORMULARIO DE REGISTRO. ESA PERSONA ES AHORA TU SUSCRIPTOR."

Por **"lista"** me refiero al **conjunto de suscriptores que corresponden a ese formulario de registro.**
Te explicaré más sobre ese formulario de registro y la Página de Captura más adelante.

Son sólo términos para referirnos a la caja donde colocas tu nombre y correo y a la página donde aparece.

Ejemplo de un formulario de registro y Página de Captura:
https://heliosaki.leadpages.net/emvudu/
Conforme leas esto, puede ser que pienses *"Esto suena muy técnico".*

Te diré algo, soy una persona con pocos conocimientos técnicos, y aun así, **he logrado generar miles de dólares al año con mi negocio de Email Marketing.**

Recolectando y manteniendo mi lista de correos completamente en automático.

De hecho, esta es la razón por la cual me encanta tener un boletín.

Requiere muy poco conocimiento técnico.

NOTA ESPECIAL

Te diré algo que pensaba reservarme hasta el final, pero te lo haré saber ahora para motivarte.

Después de tantos años realizando pruebas y análisis a mis alumnos de todo el mundo, he descubierto un dato que es un hecho...

EN PROMEDIO, CADA SUSCRIPTOR DE TU LISTA TE GENERARÁ USD $ 1 DE GANANCIA POR MES.

¿Por qué es importante esto?

De una lista de 500 suscriptores puedes esperar generar 500 $ cada mes.

Una lista de 10,000 podría generarte entonces 10 K al mes.

¿Puedes ver cómo el primer gran reto en tu negocio de Email Marketingserá construir tu lista de suscriptores?

Estoy seguro de que eres consciente de que no puedes colocar sólo un formulario de registro en línea y *"de repente"* tener miles de suscriptores.

No te preocupes, he aprendido cómo generar muchos visitantes a un sitio web.
Eso es lo que los Marketeros llaman *"tráfico"*.

El Tráfico son personas que visitan tu sitio web.

Mientras más tráfico generes a tu sitio, más suscriptores tendrás.

He descubierto además cómo convencer hasta a un 70% de ese tráfico a dejar sus datos en el formulario de registro.

Tranquilo/a te voy a mostrar todos esos métodos, pero antes hablemos de la siguiente parte que es...

<u>"CÓMO GENERAR GANANCIAS CON TU NEGOCIO."</u>

"Promoviendo Ofertas".

Recuerda esta definición:

<u>"PROMOVER ES MOTIVAR A TUS SUSCRIPTORES A QUE VEAN (Y COMPREN) PRODUCTOS QUE TE GENERARÁN INGRESOS".</u>

La parte de Promoción puede cubrir diferentes aspectos.

A veces implica tener los **<u>Derechos De Reventa</u>**.

Pero si no eres un vendedor nato, no importa.
La promoción es en realidad más amplia, más interesante y divertida que "sólo vender".

Promover puede ser:

1. Hacer una revisión de un producto/servicio.
2. Recomendarlo.
3. Avalarlo.
4. Explicarlo.
5. Enseñar cómo usarlo.
6. Probarlo.
7. Guiar durante el proceso.
8. Demostrar cómo funciona.
9. Ofrecer una muestra GRATIS.

Y cualquier otra forma creativa de mostrarlo a tus suscriptores.

En tu negocio de Email Marketing, promover significa que estarás **enseñándoles a tus suscriptores con OFERTAS que sean relevantes, útiles e interesantes para ellos.**

Ahora, echemos un vistazo a la parte de:

"LA OFERTA."

Una **"OFERTA"** es algo más que un producto que lanzas a tu lista.

Una **OFERTA** tiene distintas partes que funcionan en conjunto.

Cada oferta, ya sea grande y costosa o una muestra gratis, consiste en:

1. Lo que obtiene el cliente.
2. Cómo lo obtiene.
3. El precio.
4. El Valor (más allá de dólares y centavos).

Como puedes ver, una **OFERTA** es mucho más que pensar sólo en "vender algo".

Una **OFERTA** habla directamente al deseo del prospecto de:

1. **Obtener lo que quiere.**
2. **En un formato o empaque que le guste.**
3. **A un precio que lo haga sentir que obtuvo GRAN VALOR por su inversión.**

En otras palabras, no sólo estarás enviando algún producto viejo a tus suscriptores, esperando que lo compren.

Estarás mostrando tu respeto hacia ellos ofreciéndoles ofertas que, de forma genuina, les pueden interesar cuando se trata de **calidad, y excelente valor.**

Te daré un par de ejemplos:

"EJEMPLOS DE OFERTAS"

Digamos que tu boletín es sobre la pérdida de peso y cómo mantenerse en forma.

Esta sería una forma de cómo presentar la oferta a tus suscriptores:

"Recibirás el vídeo curso con 7 horas de entrenamiento sobre cómo perder 20 kilos en 60 días...

Los vídeos están disponibles de inmediato una vez realizada tu compra en el sitio xxxx.

Incluye una llamada de 30 minutos de asesoría gratuita y

5 recetarios de súper alimentos como BONOS.

El valor real del paquete completo es de más de 500 $.
Pero los clientes recibirán en exclusiva un fabuloso descuento y sólo pagarán 50 $"

Ahora, observa las partes que integran esta oferta:

1. Qué es lo que obtienen: Un entrenamiento en vídeo sobre cómo perder peso, recetarios y la llamada de asesoría.

2. Cómo obtienen la información: en vídeo disponible de inmediato en el sitio web.

3. El precio: 50 $.

4. El valor: 500 $.

Es una oferta irresistible que combina:

a. Tres cosas que tus suscriptores amarán (vídeos, recetas y coaching).
b. Entrega inmediata, lo que genera confianza y gratificación instantánea.
c. Un precio inmejorable.
d. Un valor extraordinario (10X si los productos se compraran por separado).

Y lo más interesante es que no todas las ofertas necesitan tener descuento.
Algunas pueden ser GRATIS.

Por ejemplo:

"Recibe este suplemento para bajar de peso en tu domicilio GRATIS por 30 días, incluye 2 semanas de suministro GRATIS de la Fórmula con Proteína.

Valor Real del paquete 99 $.

Envío inmediato por 7.95 $ (costos de envío y manejo de mercancía)".

¿Ves cómo esta oferta para tus suscriptores es extraordinaria?

Tiene:

- **Un generoso suministro de 2 productos nutricionales de alta calidad.**
- **Envío inmediato y con la capacidad de elegir el sabor de su preferencia.**
- **GRATIS + pequeña comisión de envío = oferta irresistible y sin riesgo.**
- **99 $ de producto por 7.95 $ es una GANGA.**

Tu negocio puede incluso **generarte más ganancias** por ofertas GRATIS como esta.

Hay compañías que crean este tipo de ofertas que ofrecen pagarte por cada persona que refieras.

Si continúas, sabrás mucho más acerca de este tipo de ofertas.

Por ahora sólo recuerda esto:

"EL RETO EN TU NEGOCIO DE EMAIL MARKETING ES ENCONTRAR LAS MEJORES OFERTAS PARA PROMOVER."

En **El Negocio de 4 Horas** voy a compartir contigo mucha de la experiencia que he adquirido en todo este tiempo para que sepas identificar la mejor oferta, decidir cuál ofrece mayor valor y promoverla a tu lista de múltiples formas.

En resumen:

Para tener éxito con el Email Marketing necesitas 2 cosas:

1) Una lista de suscriptores a quienes puedas promover con frecuencia.

2) Extraordinarias ofertas que les puedan interesar.

Conforme pase el tiempo y tu lista crezca, podrás ir refinando detalles y realizando tareas más complejas.

Pero tu negocio de Email Marketing siempre será un modelo muy simple.

MÓDULO 1: "ELECCIÓN DEL NICHO"

En primer lugar, te enseñaré todo lo que necesitas saber sobre la selección del nicho para tu negocio de Email Marketing.

Esto es lo que estaremos cubriendo:

1.1 ¿Qué nichos son rentables para el modelo de Email Marketing?

1.2 Ideas de nichos.

1.3 Investigación de nichos en Clickbank.com.

1.4 Investigación de nichos en Magazines.com.

1.5 Investigación de nichos en OfferVault.com.

1.6 EJERCICIO: decide cuál será tu nicho en tu negocio de EM.

"1.1 ¿Qué nichos son rentables en Email Marketing?"

Objetivo: **Aprender cómo identificar los nichos con potencial de ganancias a corto y largo plazo.**

Cuando termines esta lección habrás memorizado los factores principales para considerar rentable un determinado nicho.

Tiempo aproximado: **10-15 min.**

Antes de comenzar: **Ten a la mano un cuaderno y un lápiz para el ejercicio al final de este tema.**

Uno de los errores fundamentales que los Marketeros cometen es **elegir el nicho equivocado** para construir su lista y ofrecer productos.

Para comenzar con el pie derecho, me aseguraré de que TÚ no lo hagas.

Antes que nada, déjame recordarte lo que es un nicho.

Un nicho es una necesidad que existe en el mercado.

Algunos ejemplos son: pérdida de peso, cómo recuperar a tu ex, ganar dinero en internet, estrategias de vídeo juegos, cocina...

Todos ellos son temas que la gente consulta y busca información al respecto.

Elegir el nicho equivocado es mortal porque te resultará muy difícil, o hasta imposible, ganar dinero con una lista así.

La razón principal por la que la gente elige el nicho equivocado es **porque eligen lo que les interesa a ellos o algo que puede parecer una BUENA IDEA, en lugar de investigar qué es lo que realmente se está vendiendo.**

EJEMPLO del gran error:

Cuando supe del marketing por internet, pensé que sería una gran idea vender en el nicho de "cómo estudiar en la universidad".

Según mi "sentido común" los alumnos estarían interesados en sacar buenas calificaciones.

Por supuesto todos mis amigos se burlaron y se preguntaban cómo podía estar haciendo eso.

Mi idea era que seguramente comprarían un Ebook sobre cómo obtener buenas calificaciones sin esforzarse demasiado.

También creí que como nadie le estaba vendiendo a ese nicho podría dominarlo.

En verdad creí que era una idea brillante.

Por supuesto había una razón por la cual ningún otro Marketero le vendía al nicho de los estudiantes de universidad, ¡estos chicos sólo compran pizza y alcohol!

Para mi decepción, el producto fue un fracaso. No logré vender nada en ese nicho.

Después de perder mucho dinero que no tenía, aprendí

mi lección:

SIEMPRE investiga tu mercado para identificar qué es lo que Sí se VENDE.

Si otros no lo están vendiendo seguramente hay una buena razón.

No te aventures dentro del Marketing Online pensando que tienes que reinventar la rueda o encontrar algún nicho extraordinario que nadie más ha encontrado.
Ese no es el enfoque correcto.

Lo que quieres es identificar los nichos que otros ya explotan con éxito.
De esa manera, podrás replicar ese éxito en tu negocio.

Si nadie lo está promoviendo, existe una razón para ello.

Esta es la esencia de la investigación de nichos.

Te mostraré cómo realizar una investigación detallada más adelante, pero primero quiero que memorices **4 cosas que vuelven un nicho rentable a corto y largo plazo.**

Sí, dije memorizar, son **VITALES:**

1. **¿EXISTEN OFERTAS PARA PROMOVER DE MANERA PERMANENTE?**
2. **¿EXISTEN COMPRADORES EN ESTE NICHO?**
3. **¿PUEDES PROMOVER ESTE NICHO EN INTERNET DE FORMA RENTABLE?**
4. **¿TE GUSTA ESTE NICHO?**

Ahora, te hablaré de cada uno a detalle...

"4 CLAVES PARA ELEGIR UN NICHO RENTABLE"

1) ¿Existen ofertas para promover de manera permanente?

Para que un nicho sea rentable, necesitas ser capaz de promover múltiples ofertas.

En caso de que lo hayas olvidado, **una oferta no es sólo un viejo producto para vender.**

Es relevante e interesante para tus suscriptores y es emocionante, pues es garantía de VALOR para ellos. **Promover ofertas a tus suscriptores es la forma en que generas dinero.**

Por lo tanto, es importante que tengas acceso a una gran variedad de ofertas y que tengas siempre algo fresco y relevante que ofrecer.

Por ejemplo, el nicho de la pérdida de peso puede ser un gran nicho pues existen todo tipo de ofertas para promover, desde productos físicos (como suplementos) hasta productos de información (Ebooks y vídeos sobre el tema).

De cualquier forma, tener ofertas para promover no es suficiente...

2) ¿Existen compradores en ese nicho?

Si tu negocio aspira a ser rentable, la gente tiene que estar dispuesta a invertir dinero en los productos de tu nicho.

Este fue uno de los problemas con mi idea para el nicho de "cómo estudiar en la universidad".

Mientras yo podía crear toda clase de productos sobre "cómo estudiar" mi mercado, estudiantes, no estaban interesados en comprar ese tipo de información.

Necesitas asegurarte también que la gente del nicho esté realizando compras ONLINE.

La única manera de generar ganancias con tu negocio de Email Marketinges a través del seguimiento de tus clientes y prospectos de tu lista.

Esto se hace con los enlaces que colocas en tus correos.

Pero si tus suscriptores no compran lo que les ofreces en línea, no podrás generar ganancias.

Un ejemplo es la gente que compara artículos electrónicos en línea.

Podrán leer sobre la última Pantalla de TV LED, comparar todos los modelos y leer todos los resúmenes, pero irán a la tienda local de electrónica para realizar la compra.

Ese no es un buen nicho para el Email Marketing.

La pregunta que debes hacerte es...

3) ¿Puedes promover en este nicho de manera rentable?

Algunos nichos cumplen con los dos requisitos anteriores, pero resulta muy costoso promover en ellos por lo que no resultan rentables.

Verás esta situación con algunos Mega-Nichos donde el costo de generar tráfico (ya sea en términos de tiempo o dinero) es muy alto por la competencia que existe.

Por un "Mega-Nicho" me refiero a mercados grandes en general, como las "citas" o la "cocina".

Eso no significa que no puedas generar ganancias en un Mega-Nicho. Conozco algunos Marketeros que han tenido éxito.

Aun cuando el nicho que elijas cumpla con los 3 primeros requisitos, necesitas preguntarte lo siguiente...

4) ¿Te gusta este nicho?

Siempre es de gran ayuda que te guste lo que haces.

La creación de correos es más sencilla, compartir información y promover productos también. Lo disfrutarás.

Con tantos nichos de oportunidad allá afuera, no hay razón por la que no puedas encontrar por lo menos uno que te interese.

Recapitulando:

- **Uno de los mayores errores que los Marketeros cometen es elegir el nicho sin investigar si es rentable o no.**
- **Mientras haces tu investigación, hazte estas 4 preguntas fundamentales:**

1.   ¿EXISTEN OFERTAS PARA PROMOVER DE MANERA PERMANENTE?
2.   ¿EXISTEN COMPRADORES EN ESTE NICHO?
3.   ¿PUEDES PROMOVER ESTE NICHO EN INTERNET DE FORMA RENTABLE?
4.   ¿TE GUSTA ESTE NICHO?

EJERCICIO

1. Toma tu libreta y un lápiz.
2. Copia las 4 Características Principales de un Nicho Rentable.
3. Lee cada una en voz alta (sé que suena raro, pero esto ayuda a memorizar. Escribí un libro entero sobre cómo estudiar, algo debo saber).
4. Escribe nuevamente las 4 Características Principales.
5. Léelas en voz alta de nuevo.
6. Sal a caminar, ve a tomar un café, o relájate unos minutos.
7. Ahora comienza en una hoja limpia y escribe las 4 Características Principales de memoria.
8. Si lo lograste, ¡GENIAL! Si no, repite los pasos 2-5 e inténtalo nuevamente.

El Marketero inteligente sabe que...

Nunca debe utilizar el "sentido común" para elegir un nicho.

Puede confundirte y hacerte perder mucho tiempo y dinero en algo que no te representará una utilidad.

En su lugar, confía en la investigación de nichos que resulte un éxito para otros.

No intentes pasarte de listo al tratar de reinventar la rueda.

Llegados a este punto, puedes tener muchas ideas dando vueltas en tu cabeza.

Para hacerlo más sencillo, en la siguiente sección te mostraré algunos de los nichos más comunes para el negocio del Email Marketing .

Es todo en esta lección.

Pd. Realiza la asignación, elige tu nicho.

"1.2 Ideas de Nichos."

Objetivo: **Ofrecerte ejemplos específicos de nichos que han sido probados en este modelo de negocio del Email Marketing.**

Tiempo estimado: **5 minutos.**

Antes de comenzar: **consigue una libreta y un lápiz para el ejercicio final.**

En la lección anterior, aprendiste cómo hacer uso de los criterios para elegir un nicho rentable.

En esta lección, quiero darte algunas ideas específicas de nichos muy rentables para que crees tu negocio de Email Marketing alrededor de él.

Estos nichos cubren los 4 criterios que ya conoces.

1. ¿EXISTEN OFERTAS PARA PROMOVER DE MANERA PERMANENTE?
2. ¿EXISTEN COMPRADORES EN ESTE NICHO?
3. ¿PUEDES PROMOVER ESTE NICHO EN INTERNET DE FORMA RENTABLE?
4. ¿TE GUSTA ESTE NICHO?

Conserva esas 4 preguntas en tu mente mientras sigues adelante.

Pero vayamos con los Nichos Muy Rentables...

1. Pérdida de peso.

¿Sorprendido? Espero que no.

El nicho de perder peso es esencial para el Email Marketing.

Mucha gente está siempre pendiente de la siguiente nueva forma de perder peso, y están ESPECIALMENTE buscando algo que pueda ayudarles a perder peso con el mínimo esfuerzo.

Es por eso que el nicho de perder peso trae consigo múltiples formas de monetización, desde productos de información hasta productos físicos.

2. Físico-constructivismo.

No todo el mundo quiere perder peso.
Muchos quieren GANAR peso (generalmente en forma de músculo).

La gente de este nicho está hambrienta por información y sistemas que formen músculo RÁPIDAMENTE.

3. Comida, Cocina, Alimentación Sana.

Otro nicho ganador es cualquiera que se relacione con comida.

Muchas personas buscan información en línea sobre qué alimentos comer y las recetas para prepararlos.

Esto no sólo se refiere a comida saludable.

Hay una demanda de información y productos en todas las clases de comida.

¿Qué tal los postres? ¿Un asado?

Hay literalmente decenas de temas en el espacio de la comida y la cocina.

4. Regresa con tu Ex, Consejos sobre Citas en general.

Si alguna vez te han abandonado, sabes el impacto emocional que esto conlleva.

Si es alguien con quien deseas estar aún, estarás desesperado por encontrar la manera de volver con esa persona.

Es por eso que este nicho es una excelente opción para el Email Marketing.

Es sólo uno de los múltiples sub-nichos que funcionan en la máquina de consejos sobre Citas.

Algunas otras ideas incluyen consejos sobre citas para hombres, consejos sobre citas para mujeres, evita que te sean infiel, cómo hablarle a un chico/chica y cualquier cosa relacionada.

5. Inversión, FOREX y Finanzas Personales.

Existe una demanda masiva de información al respecto.

Pero para el Email Marketing, querrás enfocarte en temas que impacten a tus lectores de manera personal, por lo que si estás interesado en inversiones, Forex o aspectos de las finanzas personales, ese es un excelente nicho.

Aquí está un ejemplo: FOREX.

Es una forma extravagante de referirse a "intercambio de divisas".

La gente en los mercados FOREX intenta predecir cuándo una moneda incrementa o disminuye su valor. Si su predicción fue correcta, entonces pueden generar una ganancia.

Cabe mencionar que, quienes están en este nicho quieren obtener las últimas y mejores estrategias para generar grandiosas ganancias.

Es por eso que la demanda de información de vanguardia y software en este nicho.

7. Bienes Raíces.

Este es un nicho muy popular pues representa la forma en que muchas personas invierten su dinero.

Dado que las Bienes Raíces no son baratas, los intereses son elevados y la gente quiere asegurarse de que está invirtiendo su dinero efectivamente.

Eso lo vuelve un gran nicho para crear un boletín y ofrecer productos de información.

8. Artículos Electrónicos y Accesorios.

Hay una razón por la cual sitios sobre tecnología como Wired y CNET son de los más populares en internet.

Muchas personas AMAN cualquier cosa relacionada con la

tecnología. Y un gran porcentaje de ellos no sólo compra artículos electrónicos y accesorios, sino que están DESESPERADOS por obtener información sobre lo que han comprado.

Productos de entrenamiento y software para sus dispositivos Smartphone, tabletas, computadoras... así como juegos, apps de productividad y otras herramientas, todo esto funciona muy bien bajo el modelo de Email Marketing.

Algo a favor de este nicho y es que siempre hay alguna opción más costosa para realizar una revisión y enviar tráfico, lo que equivale a ganancias para ti.

9. Juegos.

La comunidad de los juegos es un nicho altamente rentable.
Tan sólo pregúntale a Microsoft y Sony.

Existe mucho contenido que puedes crear, además de muchos productos para promover.

Esto incluye los productos físicos (juegos, sistemas, accesorios) y productos de información como guías estratégicas y por supuesto más juegos.

10. Mascotas.

Si alguna vez tuviste una mascota, sabrás cuánto cariño y atención necesitan.

Es por eso que los dueños de mascotas están en busca de información que les permita cuidar de la mejor forma posible a sus mascotas.

Están dispuestos también a invertir dinero en adquirir esa

información y productos también.

Aquí te comparto algunas ideas más:

- Consejos sobre cómo mejorar tus relaciones.
- Educación.
- Encontrar empleo.
- Acné.
- Dolor de espalda.
- Viajes.
- Cocina.
- Ataques de Pánico.
- Reiki.
- Instrumentos Musicales.
- Inversión en metales preciosos.
- Hipnosis.
- Sonidos binaurales.
- Dejar de fumar.
- Cómo hacer vino.
- Yoga.
- Súper alimentos.
- Divorcio.

Existen muchos otros nichos rentables, pero es una lista muy extensa. Para este momento tienes ya bastantes ideas.

EJERCICIO:

1. Selecciona 5 nichos que te interesen de las ideas que ya comparti contigo.
2. Con cada nicho, escribe la respuesta a las 4 preguntas que aprendiste en la lección anterior:

a.   ¿Existen ofertas para promover de manera permanente?

b. ¿Existen compradores en este nicho?
c. ¿Puedes promover este nicho en internet de forma rentable?
d. ¿Te gusta este nicho?

El Marketero inteligente sabe que...

Cuando comienzas, es mejor iniciar con nichos que funcionan muy bien para otros.
Hay una razón por la cual ha resultado tan rentable para ellos.

Ahora que tienes muchas ideas sobre nichos, en las siguientes 3 lecciones te mostraré cómo determinar qué nichos son los mejores.

Es todo en esta lección.

PD. Realiza la tarea.

"1.3 Investigación de Nichos en Clickbank "

Objetivo: **Mostrarte qué es Clickbank y cómo identificar nichos rentables.**
Cuando termines esta lección serás capaz de identificar nichos rentables en Clickbank rápidamente.

Tiempo estimado: **15-20 minutos.**

Antes de comenzar: **Abre una nueva ventana en tu navegador y dirígete a** http://www.clickbank.com/

Abre un documento de texto para que puedas realizar el ejercicio del final.

Clickbank.com es un mercado gigante para infoproductos.

Los Vendedores utilizan esta plataforma para vender sus productos y los Afiliados la utilizan para encontrar productos para vender.

Los Afiliados son personas que promueven productos en línea.

El Vendedor ofrece al afiliado un enlace único para promover sus productos.

A este enlace se le llama "enlace de afiliado".

Si alguien hace click en el enlace y compra, el vendedor sabe que ese afiliado le refirió un cliente.

El afiliado ganó una comisión por la venta de ese

producto.

Una de las ventajas de Clickbank es que provee mucha información que hace la investigación muy simple.

Y esto es gracias a que responde 3 de las 4 preguntas fundamentales para seleccionar un nicho.

1. ¿Existen muchas cosas para vender?
Clickbank permite ver cuántos productos se ofrecen en diferentes nichos.

2. ¿Los clientes están dispuestos a comprar?
Si ves múltiples productos en un nicho, significa que todos están generando ventas, por lo que existen compradores en ese nicho.

3. ¿Puedes ofrecer productos a este nicho en línea de forma rentable?
Por cada producto en el mercado Clickbank te muestra un dato fundamental que es la "gravedad".

Este número indica cuántos afiliados están generando ventas con ese producto.

Es un excelente indicador de la rentabilidad online.

Si los afiliados lo encuentran valioso para promover, significa que están ganando dinero con las ventas que generan.

Recuerda, la mejor manera de comenzar es encontrar un nicho en el que otros estén teniendo éxito y comenzar a construir tu negocio a partir de ahí.

Para resumir...

1) Clickbank te permite ver miles de productos en diferentes nichos.

2) Déjame mostrarte cómo acceder a esta valiosa información en Clickbank.

Paso 1: Dirígete al mercado de Clickbank, que se encuentra en el extremo superior derecho de la página.

Paso 2: Selecciona un nicho que te interese investigar. Puedes encontrarlos en la parte izquierda de la página.

Paso 3: Cuando elijas un nicho, verás una lista de productos.

Cada uno tiene datos estadísticos.

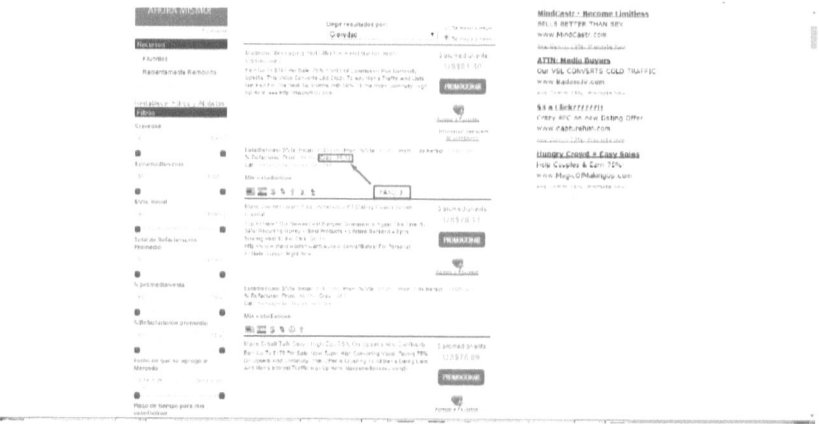

Una gravedad alta indica que muchos afiliados están promoviendo un producto y generando ventas.

Cuando estés investigando nichos, deberás fijarte en aquellos en los que haya múltiples productos y tengan la más alta gravedad.

Eso te dice que existen muchos afiliados ganando dinero

con las ventas.

Nota: La gravedad no te dice qué tal elevada es el "índice de conversión" o cuántas ventas se han hecho.

El "índice de conversión" es el porcentaje de personas que hacen click en la oferta y COMPRAN.

No necesitas preocuparte por esto ahora, te daré más detalles sobre los índices de conversión después.

De cualquier manera, esto significa que: no creas que la más alta gravedad es el único indicador para promover un producto.

Como regla general, los mejores nichos de Clickbank tienen múltiples ofertas con una gravedad de por lo menos 30.

Como te mencioné antes, una de las preguntas más importantes que necesitas hacerte al seleccionar un nicho es:
¿Tus clientes están comprando?

La gravedad es un indicador de que así es.

Por lo que si encuentras múltiples productos, todos con gravedad superior a 30, se trata de un nicho con el potencial de generar ganancias.

Digo potencial porque necesitas investigar un poco más.

Pero es un primer paso muy importante.

Recapitulando:

1. **Clickbank es una herramienta genial para la**

investigación de nichos.

2. El indicador de gravedad te dice que muchos afiliados están vendiendo el producto.

3. Busca los nichos en Clickbank con muchos productos que tengan una gravedad superior a 30.

EJERCICIO

1. Abre un documento de Word/texto para que puedas escribir.

2. Elige 3 ideas de nichos del paso 1.2

3. Abre otra página y ve a http://www.clickbank.com/

4. Dirígete al mercado de Clickbank.

5. Navega y revisa tu primer nicho.

6. Utiliza el indicador de gravedad como guía, determina si cada nicho alcanza el estándar descrito en este paso.

7. Después de eso, repite el proceso con los otros 2 nichos que elegiste.

El Marketero inteligente sabe que...

Invertir tiempo ahora eligiendo el nicho correcto valdrá la pena.

Aunque la investigación puede no resultar emocionante, es importante que pongas un poco de tiempo ahora y elijas apropiadamente tu nicho.

No querrás perder tiempo y dinero construyendo una lista de Marketing Online personas que NO COMPRARÁN las cosas que les ofreces.

"1.4 Investigación de Nichos en Magazines.com"

Objetivo: Aprender cómo descubrir nichos populares que están "fuera" del marketing por internet con la ayuda de Magazines.com

Cuando concluyas esta lección, serás capaz de reducir tus ideas aún más para poder elegir un nicho rentable.

Antes de comenzar: **Dirígete a** www.magazines.com **y abre un documento de texto o Word para tomar notas.**

Podrás preguntarte ¿por qué magazines.com?
¿Cuál es la conexión entre el Email Marketing y las revistas?
¿No son cosas completamente diferentes?

Por supuesto, no es tu intención vender revistas.

Pero las revistas te dicen qué clase de información está buscando la gente y en qué invierte su dinero.

También te dicen dónde están invirtiendo dinero en publicidad, lo que significa que la revista tiene que estar ganando dinero.

También representa que existe una audiencia masiva, lo que justifica crear una publicación física, algo que resulta muy costoso en estos tiempos.

Piensa en esto, ¿por qué lees una revista?

La respuesta es probablemente que estás interesado en el tema y quieres aprender más al respecto.

Esa es información muy útil cuando estás eligiendo tu nicho.

Aquí te doy un ejemplo...

"Cristina tiene sobrepeso.

Se encuentra en la tienda y ve una revista sobre perder peso que, de inmediato, capta su atención.

Comienza a hojearla y decide comprarla para aprender más.

Cuando llega a casa, la lee y le gusta tanto que decide registrarse al boletín de la revista e incluso, compra los productos que le sugieren que es la mejor forma de perder peso."

Funciona de la misma forma con el Email Marketing.

Cristina se registra en tu lista porque tu página web llamó su atención.

Tu Página de Captura capta su correo electrónico.

Y posteriormente, compra los productos que tú le sugieres para ayudarle a perder peso.

Con ambos medios, Email Marketing y revistas, la gente se mantiene informada sobre lo que más le interesa.

Magazines.com tan sólo te ayuda a encontrar los intereses de las personas y en qué están invirtiendo su dinero.

Una vez más, esto te ayuda a responder las primeras

2 preguntas que necesitas hacerte al elegir un nicho:

1) ¿Existen siempre ofertas para promover?
2) ¿Están interesados en comprar?

Ahora que sabes por qué utilizar Magazines.com, déjame explicarte cómo hacerlo.

Hay 3 puntos que tienes que revisar:

1. La página principal.

En cualquier sitio relacionado con las ventas, tienes que ir un paso adelante.

La página principal muestra siempre grandes ofertas.
Pero lo más importante, **muestra lo que ellos creen que se venderá más.**

Ningún sitio colocaría productos con poca demanda en su página principal (a menos que estén de liquidación).

Por lo que en magazines.com puedes revisar la página principal y revisar los productos enlistados.
Además revisa cuántas estrellas de calificación tienen las

revistas.

Obviamente existe un mercado para esas páginas principales.

Yoga, People, Cuidakilos, son títulos familiares por una razón:
Temas como estos son los favoritos de las masas y no desaparecerán.

2. La barra de herramientas.

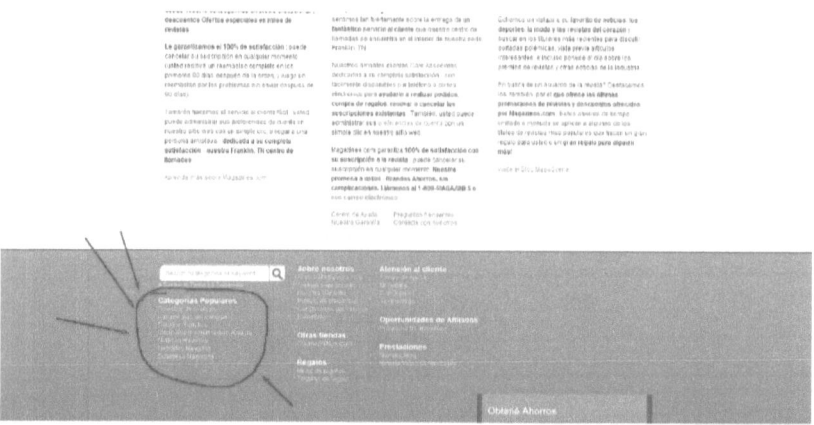

Esta parte de la página te dará idea de los temas que más venden.

Celebridades, deportes, cocina, etc. están justo en la parte superior porque magazines.com cree que son los temas de las revistas con más demanda.

Haz click en cualquiera de esos enlaces y verás una lista de las revistas en ese nicho.

Puedes darte una idea de subnichos específicos en cada nicho más popular.

Lo que te llevará al tercer aspecto a revisar.

3. Los Rankings más elevados.

Haz click en "navegar" y obtendrás la lista de todas las revistas.

Ahora puedes ubicar los "Best Sellers" y "Mejor Clasificados" ahí tienes una mina de oro.

Los Best Sellers te muestran lo que está generando mayores ventas.

Los Mejor Calificados te dicen qué nichos le interesan más a la gente.

Entre los dos puedes darte una idea muy clara de los nichos más populares.

A partir de aquí, aplica el criterio de las 4 Características que ya conoces.

1. ¿Existen muchos productos para vender?

Si hay muchas revistas en el nicho, eso significa que hay muchos publicistas y muchos productos, por tanto es un buen prospecto.

2. ¿Hay clientes que compran?

Si el nicho aparece en la barra de herramientas, muy frecuentemente la gente de este nicho está comprando en línea.

3. ¿Puedes vender en este nicho en línea de manera rentable?

No tendrás una idea clara al respecto si revisas magazines.com o Clickbank y nuestro siguiente punto de investigación.

Por ejemplo: verás muchas revistas de celebridades y políticos.

Pero esos no necesariamente se traducen en nichos rentables para tu negocio de Email Marketing porque es difícil vender productos sobre esos temas.
Una buena pregunta que debes hacerte es:

"¿Con qué frecuencia COMPRO productos sobre...?

4. ¿Te gusta ese nicho?

En este punto probablemente ya tengas un nicho identificado.

Pero no tomes la decisión aún.

Hay un paso más que debes seguir.

TIP ADICIONAL: Magazines.com también puede ser un excelente lugar para darte ideas para escribir tus correos.

Pero, de eso hablaremos después.

Con la ayuda de magazines.com es sencillo identificar los nichos que son rentables y que te gusten para tomar una decisión.
Aquí te dejo un breve vídeo en el que te muestro el proceso para investigar en magazines.com

Recapitulando:

1. Magazines.com te ayudará a evaluar qué tan popular es un nicho.
2. Recuerda las 3 áreas principales que debes revisar en magazines.com
3. El mayor ranking
4. Cuando un nicho llame tu atención en magazines.com, recuerda preguntarte las 4 preguntas principales para elegir un buen nicho (no las repetiré de nuevo, vuelve atrás y memorízalas ahora si no lo has hecho).
5. Ten la precaución de pensar dónde compras TÚ o comprarías tú en determinado nicho y con qué frecuencia.
Algunos nichos pueden resultar entretenidos, pero no existen productos que vender.

EJERCICIO

1. Toma los 3 nichos de tu interés
2. Dirígete a magazines.com
3. Revisa las 3 secciones de magazines.com
4. Revisa si alguno de los 3 nichos que elegiste está en esas áreas del sitio.

Si no es así, revisa alguno de los nichos posibles en la barra de herramientas, la página principal y los primeros 20 en el Top Ranking.

Encuentra 2-3 posibilidades

5. Regresa al mercado de Clickbank.com y repite los pasos 1-3
6. Si por lo menos uno de tus nichos se ve bien en magazines.com, ¡estás en el camino de elegir un ganador!

Los Marketeros inteligentes saben que...

Si se trata de un buen nicho para una revista impresa, puede ser un buen nicho para un boletín electrónico.

Sólo ten cuidado con esto: **No TODOS los nichos de una revista tienen productos para vender.**

Si tienes idea de algún nicho que NO se vende bien en el mercado de las revistas, probablemente necesites descartarlo.

Objetivo: **Aprender qué son las Ofertas CPA y CPL (Costo por Suscriptor) y cómo investigarlas en tu nicho en OfferVault.com**

Cuando concluyas la lección tendrás una mejor idea de qué nicho elegir y también conocerás programas que pueden ayudarte a generar dinero de tu lista desde el primer día.

Tiempo aproximado: 10 minutos.

Antes de comenzar: **Dirígete a** OfferVault.com **y abre un** documento de Word/texto para tomar notas.

Las ofertas rentables son el pan y mantequilla de tu negocio.
Sin ellas, no tendrás ganancias.

Sin importar cómo sea de grande tu lista, resultará inútil a menos que tengas una forma de monetizarla. ("monetizar" es una forma de decir que "te genera ganancias").

Es por eso que OfferVault.com es una herramienta de investigación muy útil.

Es un directorio gratuito de listas de miles de formas de ganar dinero con tu lista.

OfferVault.com enlista cualquier oferta CPA y CPL (Costo por Acción/Costo por Lead) disponible en el mundo actualmente.

Te muestra también cuánto dinero puedes generar

potencialmente de cada oferta e incluye los enlaces que te llevarán de inmediato al proceso de aplicación requerido por algunos programas.

Pero antes de que te muestre cómo hacer uso de OfferVAult.com, voy a explicarte los términos CPA y CPL:

CPA-Costo por Acción.

Es cuando un cliente compra un producto y tú obtienes la ganancia convenida por la venta.

Pueden ser cantidades numéricas (25 $ por ejemplo) o porcentajes de comisión (50%).

En este caso, se requiere el nombre, dirección, teléfono y tarjeta de crédito para obtener el re-envío por un mes gratis del suplemento.

Esos 70 $ son mucho más que el dólar de otra oferta de un club en línea para perder peso, donde todos los visitantes tienen que ingresar sólo su nombre y correo.

Obviamente es mucho más sencillo que la gente registre SÓLO su nombre y correo que conseguir quién ingrese su número de tarjeta.

Es por eso que el pago es mayor.

Comprenderás todo esto más adelante, una vez que entres a OfferVault.com y lo veas en acción.

Te mostraré ahora ese proceso:

En primera instancia, OfferVault.com puede ser un poco abrumador. Hay muchas tablas y demasiada información.

Pero ahora que tienes idea de lo que significa CPA y CPL así como de qué se trata el asunto de las REDES, todo tendrá sentido una vez que llegues al sitio.

De hecho, como email marketer, puedes utilizar OfferVault.com para estar a la vanguardia. No sólo te ayudará a verificar los 3 criterios a la hora de elegir un nicho rentable:

1) **¿Existen muchas ofertas y múltiples productos que vender?**

2) **¿Hay clientes dispuestos a comprar?**

3) **¿Puedes ofrecer este producto en línea de manera rentable?**

Te mostraré una forma de ganar dinero con tu lista de inmediato, desde el momento que generas suscriptores.

Veamos cómo utilizar OfferVault.com...

Buscando ofertas.

En la parte superior de la página principal de OfferVault verás una barra de búsqueda.

Intenta ser lo más específico posible pero también observa la cantidad de opciones que aparecen.

Este es un ejemplo:

Digamos que estás investigando sobre el nicho de salud.

"Salud" es un término muy general.
Pero ¿qué tal si utilizamos un tema común y de interés para quienes desean tener una mejor salud, por ejemplo DIETA, o PESO?

Ingresa la palabra "dieta" en lugar de "salud".

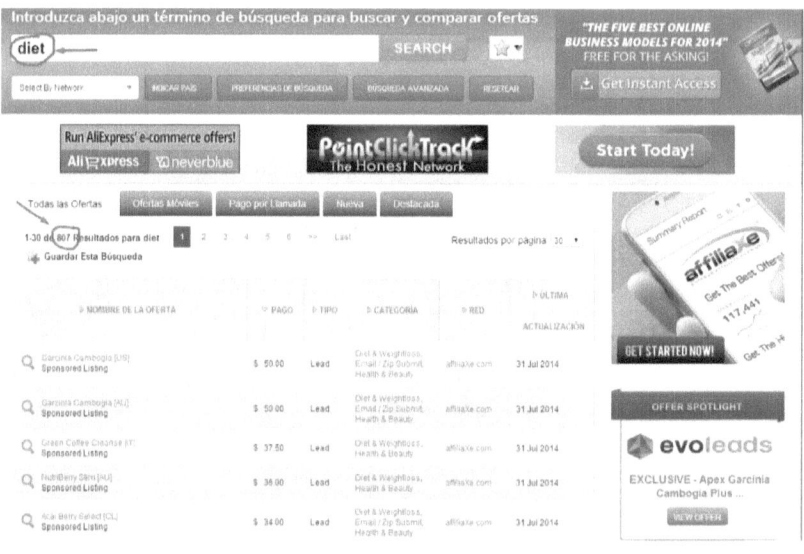

Cuando lo hagas verás una lista de todos los productos relacionados.

Esto ya nos dice que "dieta" satisface nuestro requisito #1 **"¿Existen muchas ofertas y múltiples productos para vender?"**

Hay más de 1000 enlistados.

La respuesta a la pregunta #2 **"¿Hay gente interesada en**

comprar?" resulta también muy obvia.

Con tantas ofertas y tan elevados niveles de pago, el mercado online luce muy atractivo.

Y por supuesto, si ves que los pagos son excelentes, puedes estar seguro que la pregunta #3 **"¿Puedes vender este nicho en línea de manera rentable?"** es un SÍ definitivo.

Recibir 60 $ o más por un prospecto cualificado es extraordinario.
("cualificado" significa que llenó el formulario completo con información válida).

Sigue adelante y haz click en la lista que te resulte más interesante.

Encontrarás una descripción de la oferta, el monto que pagan e incluso la página a la que tienes que enviar a la gente.

Tómate unos 10 min y revisa tus nichos en OfferVault.
Eso te convencerá de que literalmente se trata de una MINA DE ORO de ofertas, las mismas que son una oportunidad para generar ganancias para tu nuevo negocio.

Busca un rango amplio de ofertas

Una vez que tengas tu lista, habrá momentos en que puedas ofrecer una oferta CPL o bien una CPA.
Por lo que siempre te conviene revisar un gran rango de ofertas en OfferVault.

¿A qué me refiero con "rango amplio"?

- ¿Existen algunas ofertas CPL simples, con un

pago bajo?
Por ejemplo, 1 $/CPL.

- ¿Hay también alguna oferta CPL que pague mucho más?
Por lo menos 10 $ o más.

- ¿Tiene también ofertas CPA?
Si ubicas productos en Clickbank, esas son ofertas CPA.

Pero lo más importante:

Muchas ofertas CPL, significa que hay tráfico potencial y mucho dinero en ese nicho.

Los MEJORES nichos tienen los PAGOS más ALTOS.

El mejor signo de todos es que si las ofertas CPL ofrecen un pago elevado es por 2 razones:

Primero, ese nicho es altamente rentable si las compañías están dispuestas a pagar tanto por un prospecto.

Segundo, aunque sólo una pequeña porción de tu tráfico llena el formulario, puedes generar ganancias.

¿Por qué también te deben interesar los pagos mínimos?

Antes de continuar, quiero que te detengas y te asegures de que hay algunas ofertas CPL que te pagan por correo electrónico, o nombre y correo, o cualquier otra información no intimidante.
Así es, tienes que ASEGURARTE de que también haya ofertas CPL que paguen poco.

Incluso 10 centavos el suscriptor es bueno, pero un mejor

rango va de 0.50 - 1.00 $.

Y hay una buena razón para esto.

Vas a utilizar estas ofertas para generar dinero de tu lista de inmediato.

Entraremos en los detalles a este respecto más adelante, pero te puedo anticipar que colocarás esta oferta en la página de gracias de tu boletín.

PASO ADICIONAL: Aplica para formar parte de la RED.

Las redes CPL requieren que apliques para su programa antes de que puedas promover sus ofertas.

Esto es para prevenir fraudes y verificar que estás enviando prospectos de manera legal.

El proceso de aplicación es muy simple.

OfferVault te permite hacer click en el enlace de la red y llenar una aplicación ahí mismo.

Sólo haz click en el botón "UNIRTE A LA RED"

Si tienes una buena idea para tu nicho y estás ya en un nivel intermedio de marketing, puedes hacerlo ahora mismo.

NOTA para principiantes: Puedes revisar la aplicación y darte una idea de lo que necesitas después, no la llenes o presiones "enviar".
Te indicaré cómo, cuando tengas tu dominio y página de registro lista.

NOTA para Marketeros intermedios: Si ya tienes alguna experiencia en el Marketing Online, llena la información lo mejor que puedas y sé honesto.

Una vez que la envíes, asegúrate de realizar un seguimiento con la red por teléfono INMEDIATAMENTE.

Hazlo dentro de los primeros 60 min de haber llenado la aplicación. Esto muestra la iniciativa que tienes y puede ayudarte a lograr una posición como afiliado.

No te preocupes por ser honesto y decir: "Oigan, soy nuevo en esto. Pero tengo listo mi sitio para capturar prospectos en el nicho de las dietas.
Estaré promoviendo agresivamente mi boletín y enviaré a mis lectores un Tip todos los días".

Puedes decirles también que estás tomando este curso, y que estás siguiendo un plan de acción encabezado por otros Marketeros altamente exitosos que generan miles de dólares cada semana.

Recapitulando:

- OfferVault.com te ayudará a investigar de manera sencilla tu nicho y encontrar ofertas que paguen bien.
- Términos clave (para este momento ya sabes qué significan) CPA, CPL, RED, SUSCRIPTOR/LEAD.
- Investiga tu nicho realizando búsquedas específicas.
- Identifica prospectos para el nicho que buscas, así como las mejores ofertas.
- Revisa los niveles de pago para valorar la rentabilidad.
- Asegúrate de que tenga también ofertas con pago mínimo.

EJERCICIO

1. Dirígete a OfferVault.com

2. Revisa los nichos que elegiste.

3. Busca ofertas CPA/CPL para cada nicho.

   Utiliza búsquedas específicas para generar los mejores resultados

4. Busca una gran variedad de ofertas - prospectos, ventas, y rango de pagos.

5. Selecciona la oferta que te interese promover.

6. Realiza el proceso de aplicación (si eres un Marketero intermedio con un poco de experiencia, puedes incluso aplicar para formar parte de la RED).

El Marketero inteligente sabe que...

OfferVault.com es un recurso invaluable para encontrar excelentes nichos y ofertas.

Utilízalo para investigar un nicho y asegurarte que es rentable.

Ahora que has revisado los 3 sitios para investigar nichos para tu negocio de Email Marketing, vamos al último paso...

"Seleccionar tu nicho."

"1.6 Decide Cuál será tu Nicho para tu Negocio de Email Marketing"

Objetivo: **Elegir el nicho para tu boletín electrónico.**
Al término de la lección tendrás un nicho rentable que te generará ganancias **si aplicas** lo que has aprendido hasta ahora.

Tiempo estimado: **10 minutos.**

Antes de comenzar: **Tendrías que tener ya las notas de las lecciones anteriores.**

Bueno, ahora que sabes EXACTAMENTE qué necesitas para elegir el nicho perfecto para tu boletín electrónico, llegó el momento de tomar una decisión.
Este es tu primer gran paso en la creación de tu negocio.

Recuerda, las 4 preguntas CLAVES que necesitas hacerte:

1. **¿EXISTEN OFERTAS PARA PROMOVER DE MANERA PERMANENTE?**
2. **¿EXISTEN COMPRADORES EN ESTE NICHO?**
3. **¿PUEDES PROMOVER ESTE NICHO EN INTERNET DE FORMA RENTABLE?**
4. **¿TE GUSTA ESTE NICHO?**

Siempre, SIEMPRE responde a estas 4 preguntas.

Si el nicho no satisface alguna de las 4, descártalo.

Si esta es la primera vez que haces Email Marketingno consideres siquiera violar estos principios.

Tu negocio no generará dinero si el nicho no es el correcto.

Teniendo eso en mente, ¡es momento de ELEGIR tu nicho!

EJERCICIO FINAL:

1.   Toma tus propias notas y ejercicios de las lecciones anteriores.

2.   Deberías tener una lista de los nichos que ya has descartado.

3.   Elimina cualquiera que no tenga muchas ofertas para promover.

4.   Elimina cualquiera que parezca que nadie compraría en línea.

5.   Elimina aquellos que no son rentables a primera vista.

6.   Pregúntate "¿cuál de los nichos me gusta más?"

El que quede después de este proceso, es el nicho

que funcionará para ti el resto del curso.

El Marketero inteligente sabe que...

Gracias a que te tomaste el tiempo AHORA de elegir el nicho adecuado, te has posicionado para el éxito con este curso.
¡Prepárate para ganar dinero!!

¡Has completado el primer paso de **El Negocio de 4 Horas!**

¿Cómo te sientes?

Espero que estés listo para el siguiente paso, porque es tan importante como el primero.

Estás a punto de aprender sobre la Página de Captura (tu página más importante).

Con las estrategias que te enseñaré en el siguiente paso, serás capaz de crear la "infraestructura" que te permitirá comenzar a construir tu imperio de suscriptores.

Elige tu nicho, ¡hazlo ya!

MÓDULO 2: "¿QUÉ ES UNA PÁGINA DE CAPTURA?"

Estamos entrando al **MÓDULO II: Tu Página de Captura.**

Ahora que has elegido tu nicho, es momento de crear la página web donde recolectarás los datos de tus suscriptores (nombre y correo) y comiences a construir tu lista.

Esta página se conoce como:

Página de Captura/aterrizaje o registro.

Tu Página de Captura es como la fachada de tu tienda.

Es lo primero que los visitantes verán, y es lo que los convencerá de que vale la pena registrarse a tu boletín electrónico.

Es por eso que voy a dedicar este paso a asegurarme de que comprendas cómo hacer una Página de Captura que realmente haga su trabajo.

Esto es lo que aprenderás:

> 2.1 - ¿Qué es una Página de Captura?
> 2.2 - Diseño de la Página de Captura.
> 2.3 - ¿Qué es la recolección de datos?
> 2.4 - Registro Sencillo vs. Registro doble.
> 2.5 - El incentivo GRATIS.
> 2.6 - ¿Qué decir en tu Página de Captura?
> 2.7 - Ejercicio: Crea tu Página de Captura.

"2.1 ¿Qué es una Página de Captura?"

Objetivos: Aprender qué es una Página de Captura y sus 3 partes principales.
Al término de la lección habrás tomado el primer paso en la creación de tu Página de Captura que construirá tu negocio de Email Marketing.

Tiempo estimado: **5-7 minutos.**

Antes de comenzar: **Ten a mano lápiz y papel o abre un archivo de texto para tomar notas.**
Estarás utilizando estas notas para desarrollar tu propia Página de Captura pronto.

En el paso 1 elegiste el nicho para tu negocio de Email Marketing.

El proceso de investigación debió convencerte de la importancia del nicho.

Con el nicho equivocado, ni el gurú de marketing más profesional no podría generar ganancias con su lista.

Pero, TÚ sabes cómo hacerlo.

Así que ahora es momento de la acción.
¡¡A construir esa lista!!

Recuerda: **Tu lista es un grupo de suscriptores a quienes les enviarás tu boletín electrónico.**

No eres un ~~SPAMMER~~, así que enviarás información de valor y ofertas relevantes a tu lista.

Estás a punto de comenzar un proceso muy emocionante y fundamental para tu negocio.

Como cualquier otro negocio, necesitarás causar una excelente primera impresión y la primera impresión es tu página en la que los visitantes decidirán si se registran o no.

Es la **Piedra Angular** de tu negocio de Email Marketing

Es donde todo comienza, cuando persuades a alguien a que se registre en tu lista.

"Registrarse" es cuando alguien autoriza que le envíes información por correo electrónico.

Esto sucede cuando ingresan su correo en tu formulario de registro y hacen click en el botón para enviar la información.

Para darle la oportunidad de registrarse necesitas crear lo que se conoce como una **Página de Captura.**

¿Qué es una Página de Captura?

Es una página donde la gente puede registrarse a tu lista de correo.

La razón por la que se llama Página de Registro/captura es porque se le da la opción de formar parte de tu lista o no.

Nadie está obligado a hacerlo. Sino que voluntariamente están autorizando a que les envíes información de valor a su correo.

Pero siempre tienen la opción de darse de baja.

De hecho, después de que la gente se registra, es un requisito indispensable que les ofrezcas la posibilidad de darse de baja (no te preocupes que todo esto es automático).

Resulta muy obvio que la forma en que luce tu Página de Captura y lo que dice, tiene que resultar convincente para que la gente decida registrarse.

Esta página es tu única oportunidad para convertirlos en suscriptores.

El éxito de tu negocio depende de que tu Página de Captura genere tantos suscriptores como sea posible.

Por lo que cómo se vea es importante, que ofrezca el mensaje adecuado y se enfoque sólo en una cosa: obtener el correo de tu prospecto.

Observa un ejemplo de una Página de Captura: http://heliosaki.leadpages.net/emvudu/

Es diferente del tipo tradicional de página, ¿verdad?
No se ve como la página de magazines.com.

- No hay muchas páginas o enlaces dónde hacer click.

- No está llena de objetos brillantes ni enlaces hacia algún producto.

- Hay muy poco texto que leer.

- Tus ojos van directamente al mensaje central.

- Puedes escanear la página y rápidamente decidir si ingresas tu correo para ver tener el entrenamiento.

Las Páginas de Capturas más efectivas funcionan así.

Tienen sólo unas cuantas palabras poderosas que comunican los beneficios de ingresar tu correo.
Y es muy sencillo tomar una decisión rápida.

¿Por qué tan simple?

Tu negocio de Email Marketing depende de la construcción de una lista grande y responsiva de suscriptores.

Si utilizas la forma tradicional de página web, con muchos enlaces alrededor, representa un problema pues el potencial suscriptor se distrae con los enlaces.

En lugar de enfocarse en UNA sola cosa, obtener la información del visitante, un sitio tradicional le da demasiadas opciones.

No querrás crear obstáculos en el proceso de recolectar el correo del visitante.

El ejemplo anterior sólo le permite al visitante o registrarse o cerrar la página.

Durante los últimos 10 años he realizado una gran cantidad de pruebas.

Y puedo decir esto con un 100% de certeza:

<u>Cuando estás comenzando, no te desvíes de una Página de Captura con registro simple</u> como la anterior.

Hay algo más que no puedes omitir, una apariencia profesional. Déjame explicarte...

LA PRIMERA IMPRESIÓN SIGNIFICA ¡TODO!

Sé que suena a cliché, pero lo es por una razón: ES VERDAD.

Especialmente en línea.

La primera cosa que quieres que tus visitantes vean es una página bien diseñada, limpia, confiable y que muestre profesionalismo y seguridad.

¿Por qué?

Porque hay tanto SPAM allá afuera, tanta basura, tantos estafadores, que las personas que navegan por la red tienen que velar por su propia seguridad.

No puedes darles una excusa para considerarte un potencial SPAMMER.

Esta es la razón por la cual la calidad de tu página captura es TREMENDAMENTE importante.

Así es, pero también tiene que verse profesional y actualizada.

Afortunadamente es sencillo conseguir algún FreeLancer que te ayude con el diseño de tu Página de Captura.

Encontrarás una lista de lugares que te ofrecen este servicio por tan sólo 10 $ en la sección de Recursos.

Además, tienes que comunicarle a tu diseñador lo que deseas que tengan las 3 partes más importantes de la página.

Analicemos esto:

1. Encabezado.

Tienes que lograr captar la atención de tu visitante y darle una buena razón para registrarse.

Es por eso que el encabezado está justo en el centro de la parte superior de tu página.

Francamente, **el encabezado es LA PARTE más importante de la Página de Captura.**

Si eres alguien que está frustrado, este mensaje captaría tu atención, ¿cierto?

Por fortuna no es tan difícil crear un gran encabezado.

Tan sólo imita (**no copies**) los encabezados de otros Marketeros exitosos.

Esta es la razón por la cual te daré un "archivo modelo" de encabezados en la sección de Recursos.

Encuentra el encabezado que te agrade y utilízalo, (**repito, sin copiar**) para crear el tuyo.

Lo siguiente que debes hacer es ofrecer a tus visitantes una verdadera razón para registrarse.

¿Por qué te darían sus datos?

Aquí es donde entra en juego el beneficio que ofreces.

2. Beneficios.

Después del encabezado, las palabras restantes para la Página de Captura (PC) tendrán que indicar los beneficios de registrarse a tu boletín.

En muchas Página de Captura, los beneficios se muestran como subtítulos o viñetas.

Esa manera de hacerlo es fantástica porque pueden identificarse rápidamente.

Cada viñeta tiene que explicar con claridad qué es lo que la persona obtiene al registrarse a tu lista.

Piensa en las viñetas como los "señuelos" que muestran una prueba de los beneficios que les harás llegar.

El mayor beneficio de todos es que es ¡<u>GRATIS</u>!

Puede ser un reporte, un vídeo o un curso por correo electrónico.

Esto se conoce como **<u>INCENTIVO.</u>**

<u>¡Un obsequio GRATIS es increíblemente poderoso e incrementará el número de suscriptores dramáticamente!</u>

<u>Recuerda esto: GRATIS es la palabra más importante que tienes que utilizar en tu Página de Captura.</u>

<u>La palabra GRATIS es un REQUISITO.</u>

Cuando ofreces algo por NADA ayudas a que el prospecto se motive a registrarse (ya profundizaremos en el tema del incentivo GRATUITO más adelante) sólo grábate esto mientras tanto.

3. El Formulario de Registro.

Es la caja donde la gente ingresa su correo y es la única razón de ser de esta página.

Le llamamos de registro y tiene que estar en un lugar visible y tener un buen tamaño.

No debería haber duda sobre dónde hacer click y qué hacer para conseguir la extraordinaria información GRATUITA que le estás ofreciendo.

Verás con frecuencia botones que dicen "enviar" o "registrarse" o "suscríbete" **NO HAGAS ESO EN TU PÁGINA**.

He llegado a la conclusión de que es mucho mejor incluir un beneficio justo en el botón, como **"ACCESO GRATIS INSTANTÁNEO".**

GRATIS es una palabra que está comprobado incrementa el número de registros que obtienes.

Este es uno de los muchos pequeños Tips, que pueden incrementar tus conversiones dramáticamente.

Recuerda esta definición:

Índice de Conversión es el porcentaje de visitantes que se registran.

Por ejemplo, si 100 personas visitan tu sitio, y 32 se registran, tu índice de conversión es del 32%

Cuando tratas de incrementar las conversiones, lo que estás haciendo es tratar de detectar las cosas que incrementen ese valor (porcentaje de visitas que se registran).

Más adelante compartiré contigo muchos más trucos para incrementar las conversiones, pero este es un excelente ejemplo de cómo utilizar la palabra GRATIS en especial en el botón ayuda mucho a mejorar las conversiones.

Con una buena distribución del contenido en la página:
   a. un encabezado persuasivo.
   b. los beneficios enlistados.
   c. un gran botón para hacer click.
   d. un llamado a la acción contundente...

Estás en el mejor camino para recolectar correos electrónicos y recibir suscriptores.

Recapitulando:

1. Siempre busca generar una GRAN impresión desde el primer momento:

- Profesional.
- Moderno.
- Vibrante.
- Que inspire confianza.

2. Las 3 partes más importantes de una Página de Captura son:

   a. Encabezado.
   b. Beneficios.
   c. Formulario de Registro (donde colocan su correo).

EJERCICIO

1. Dale un vistazo a la Página de Captura siguiente http://heliosaki.leadpages.net/emvudu/

2. Identifica el encabezado.

3. Identifica los beneficios.
4. Identifica el formulario de registro.

5. Con base en lo que sabes hasta ahora, ¿es esta una Página de Captura bien hecha? Menciona porqué.

6. Escribe 3 cosas que puedes aprender de esta página para poder crear la tuya.

El Marketero inteligente sabe que...

Cuando entras a un restaurante nuevo, algún bar o la casa de tu pareja, ¿qué es lo primero que ves?

Si ves un desorden, ¿qué piensas?

Lo mismo sucede cuando alguien llega a tu Página de Captura.

Hazla limpia, ordenada y profesional.

Déjales saber en unas cuantas palabras qué es lo que obtendrán si se registran.

Dales un incentivo, algún contenido de valor GRATIS y la promesa de VALOR EXTRAORDINARIO.

Una vez que obtengas sus correos, estás listo para comenzar a generar dinero.

Ahora que sabes lo que es una Página de Captura, la siguiente lección te mostrará cómo se ve una Página de Captura profesional.

Esto fue... "¿Qué es una Página de Captura?"

"2.2 Diseño de la Página de Captura"

Objetivo: **Ver cómo luce una Página de Captura con alto índice de conversión.**
Cuando concluyas esta lección, tendrás una mayor comprensión de qué elementos de diseño necesitas en tu Página de Captura.

Tiempo estimado: **15 minutos.**

Antes de comenzar: **Ten listo tu navegador para realizar un ejercicio, además de tener a mano lápiz y papel o algún documento dónde tomar notas.**

Elementos Visuales.

Hay sólo unos cuantos elementos de diseño que debe incluir tu Página de Captura:

1. **Gráficos.**
2. **Botones y Flechas.**
3. **Distintivos y Sellos de Garantía.**

Eso es todo.

Cada uno de estos elementos tiene que dirigir la mirada de tu visitante hacia el incentivo GRATUITO y tu formulario de registro.

Todo lo demás es innecesario y deberías pensar en quitarlo.

NUNCA desperdicies espacio en tu Página de Captura con un logo o banner que sobresalga en la parte superior de la página.

1.   Gráficos.

Altamente visuales que capturen la imaginación de tus clientes y específicamente permitan que el visitante visualice el resultado final.

Hay una razón por la cual el nicho de la pérdida de peso y los programas de fitness utilizan modelos esculturales, hacen que el cliente fantasee con la forma en que puede verse si adquiere el producto.

Además de las fotos, los gráficos pueden incluir algún dibujo, vídeo o combinación de todos.

IMPORTANTE: **Siempre incluye el gráfico del incentivo GRATUITO que ofreces.**

2.   Botones y Flechas.

El único botón en la página debe ser el de tu formulario de captura. Idealmente debe incluir la palabra GRATIS.

La mayoría de los botones que ves en las Página de Captura son amarillo oscuro o dorado.
NO ES UN ACCIDENTE.

En todas mis pruebas a lo largo de 10 años de hacer Email Marketing, ese es el color que junto con las palabras **ACCESO INSTANTÁNEO GRATIS** convierten mejor.

TIP: **Los botones dorados siempre generan más clicks, al contrario de los azules o los rojos.**

¿Por qué?

Quién sabe, pero los he probado por años y el amarillo y el dorado siempre tienen una mejor conversión.

Las flechas también son un elemento muy importante del diseño y deben ser utilizadas con un SOLO propósito...

Señalar SIEMPRE hacia tu formulario de registro, ¡¡SIEMPRE!!

3. Insignias y Sellos.

Estos funcionan mejor cuando incluyen la palabra GRATIS.

Otro tipo de sellos son los que agregan credibilidad a tu Página de Captura como el que indica "la seguridad y privacidad de la información"

Debe colocarse después de la ¨Política de Privacidad" en tu formulario.

Dos diseños básicos: Visualmente intenso o los Beneficios Intensos.

Casi cualquier Página de Captura tiene uno de estos dos diseños:

1. Páginas visualmente intensas:

El énfasis está en el vídeo y las imágenes.

2.   Páginas con Beneficios intensos:

Tienen más texto, con una explicación de lo que el suscriptor recibirá.

Qué clase de página elijas dependerá de qué es mejor para tu nicho.

Déjame darte un ejemplo...

Digamos que tienes un boletín sobre jardinería orgánica

Fotos de plantas saludables ayudarán sin duda, pero puede que no sean suficientes para generar credibilidad.

Para mostrarle al cliente que eres la mejor opción, tienes que esforzarte en este punto.

Un vídeo de 60 segundos de ti en tu hermoso jardín, sin duda persuadirá a tu audiencia y les inspirará confianza en tu experiencia.

¡Aunque tan sólo muestres cómo cavar un hoyo en la tierra para plantar algo!

Déjame explicarte rápidamente estos dos tipos de Página de Captura:

1.   Páginas visualmente intensas:

Su principal característica es que son altamente visuales

El texto que contienen es mínimo y el vídeo o la serie de fotografías captan la atención del visitante como en el ejemplo anterior.

Aquí tienes otros ejemplos:

- **Tener un vídeo de alta calidad:**

Ayudará a demostrar tu profesionalismo. Puede incluso, colocarte como experto.

- **Otros aspectos visuales de alto impacto** son las fotos que ayudan al cliente a visualizar el resultado final.

Un gran ejemplo es el nicho de perder peso como ya mencioné antes.

Esas son imágenes para exaltar la imaginación del visitante, lo que es genial para ti.

2.   Páginas con Beneficios Intensos:

Algunos nichos como el marketing y los negocios, puede que no se presten para una presentación visual.

Con frecuencia estas páginas se enfocan en viñetas, testimonios y una pequeña sección con texto que llama a la acción (a suscribirse).

Las viñetas son con frecuencia, las características de este tipo de páginas.

Incluye varios testimonios de suscriptores felices y observa que incluyen la palabra GRATIS en los botones.

Hablaré más sobre las viñetas en la sección de escritura de

copy para tus Páginas de Captura.

Por ahora, sólo considera que algunas veces una pequeña cantidad de texto persuasivo puede funcionar tan bien o incluso mejor, que las fotos.

Puntos de Enfoque (hacia dónde va tu ojo).

Finalmente, quiero hablarte sobre el punto de enfoque en cada Página de Captura.

Nuestros ojos naturalmente se dirigen hacia determinadas partes de la página porque estamos condicionados.

Cuando creas tu Página de Captura quieres aprovechar estas **tendencias naturales para generar la mayor cantidad de prospectos posible.**

Sólo recuerda que estos 3 aspectos visuales son **FUNDAMENTALES y NO PUEDES EQUIVOCARTE:**

1. Siempre deja el formulario de registro y los elementos más importantes sobre la línea que divide la página.

Esto es, en la parte que puedes ver en la ventana de tu navegador SIN recorrer hacia abajo la página.

2. Coloca el formulario de registro a la derecha porque leemos de izquierda a derecha nuestro ojo tiende a dirigirse hacia la derecha.

Por lo que **SIEMPRE coloca el formulario de registro en la parte derecha de cualquier elemento de diseño.**

La parte derecha de la página siempre ha resultado

mejor para mí.

3. Crea un alto contraste.

Una Página de Captura no es un lugar para fuentes delicadas o confusas.

Letras grandes y con grosor que SALTAN y se distinguen del fondo tendrán una mejor conversión que las que son más ligeras y sin contraste.

Piensa en esto, letras de colores oscuros y brillantes en fondos iluminados, o sólo letras blancas en fondos muy obscuros.

¿Cómo debería verse tu Página de Captura?

¿Cómo sabes qué tipo de elementos de diseño funcionarán mejor en tu Página de Captura?

Hay sólo dos maneras:

a. **Estudia ejemplos de páginas en tu nicho.**
b. **Haz pruebas.**

Probar es para antes y después de que esté activa tu página y recibiendo tráfico.

Ya te explicaré con detalle más adelante.

Por ahora, recuerda que no estás tratando de reinventar la rueda.

Otros Marketeros han probado con anterioridad la Página de Captura.

Así que conserva lo simple y aprende de lo que ya está funcionando.

Aquí es donde el conocimiento de Clickbank y OfferVault pueden ayudarte:

- **Dirígete a Clickbank.com y observa las Páginas de Capturas de los afiliados en el top 10.**

- **Visita los sitios y observa si ofrecen un boletín.**
  Aún y cuando no veas el formulario en la página de ventas, cuando salgas aparecerá un formulario para ofrecerte un reporte gratis o alguna muestra gratis.

También puedes utilizar Google.

Simplemente realiza una búsqueda para "Boletín GRATUITO (tu nicho)" o ezine (tu nicho) GRATIS"

Puedes requerir profundizar más en algunas otras páginas, pero encontrarás ejemplos buenos y no tan buenos de esta Página de Captura.

Observa las características comunes en aquellas que capten tu atención.

Recapitulando:

1. Todas las Páginas de Capturas incluyen los mismos elementos:

- **Gráficos**
- **Botones y Flechas**
- **Insignias y Sellos de Garantía.**

2. Las Páginas de Capturas son altamente visuales o con un enfoque en los beneficios.
Para tomar ventaja de nuestros puntos de enfoque naturales:

    a. Conserva todos los elementos importantes en el área de la pantalla visible para el usuario sin necesidad de recorrer hacia abajo la misma.
    b. Coloca el formulario de registro a la derecha.
    c. Utiliza contraste.

3. Estudia algunos ejemplos de Página de Captura de tu nicho para que te familiarices con los elementos de diseño más comunes e imites (no copies) a los mejores, al crear tu página.

EJERCICIO

1. Encuentra por lo menos 5 ejemplos de Página de Captura de tu nicho.

2. Escribe las características de diseño que son comunes entre ellas.
Probablemente encontrarás que la mayoría son similares.
Esto es GENIAL. Puedes utilizarlas como MODELOS

3. Regístrate a alguna de esas páginas.
Así podrás ver qué productos está ofreciendo el dueño y te ahorrarás tiempo

después.

El Marketero inteligente sabe que...

Todas las Páginas de Capturas dependen sólo de unos cuantos elementos de diseño.

Estudia otras Páginas de Captura en tu nicho, especialmente relacionadas con ofertas CPL.
Ya han sido probadas y funcionan.

Ahora sólo imita (no copies) el mejor ejemplo para tu página.

Tener una Página de Captura bien diseñada es excelente, pero también necesitas recolectar información.

¿Qué información es la que necesitas?

Te lo explico en la siguiente lección...

Esto fue, El Diseño de tu Página de Captura.

"2.3 ¿Qué Información Recolectar?"

Objetivo: **Aprender qué información recolectar en tu formulario de registro para MAXIMIZAR el número de suscriptores a tu lista.**

Al término de la lección, comprenderás por qué debes solicitar SÓLO el correo electrónico en tu Página de Captura.

Tiempo estimado: **5 minutos.**

Antes de comenzar: **No necesitas preparación previa alguna para esta lección.**

Todo lo que necesitas es tener a la mano los ejemplos de las Páginas de Capturas del ejercicio anterior y tu libreta para tomar notas.

El objetivo principal de la Página de Captura es recolectar correos de tus visitantes para que puedas comunicarte con ellos después.

Es la comunicación constante la que será fuente de ingresos para ti.

Así que la pregunta es... **¿qué información deberías pedirle a la gente?**

Si navegas un poco por la web, encontrarás todo tipo de Página de Captura.

Unas sólo te piden el correo electrónico.

Otras también solicitan el nombre, correo y dirección

física, género, etc.

La gran mayoría de las Páginas de Capturas sólo piden dos datos: nombre y correo electrónico.

Obviamente necesitas el correo electrónico para poder enviar mensajes posteriores de seguimiento.

Pero, ¿para qué solicitar el nombre también?

El argumento para ello es que al pedirles su nombre, puedes personalizar los correos.

Por ejemplo, puedes crear un correo con el título:

"¿Estás frustrado José?" incluso puedes agregar el nombre de la persona en el correo mismo.

Suena bien ¿no?

En mi experiencia, solicitar el nombre de la persona en realidad no agrega valor alguno a la calidad de tu lista de correos.

Antes, la gente se sorprendía cuando recibía un correo personalizado con su nombre en él.

Pero eso ya quedó atrás.

De hecho, mis pruebas han demostrado que es un paso EXTRA que reduce la conversión.

<u>Incluir los nombres NO aumenta la responsividad de tu lista.</u>

Permítete repetirlo.

<u>Incluir los nombres NO aumenta la responsividad de tu</u>

lista.

Entonces... ¿para qué hacerlo?

Puedes pensar que en realidad es sólo un "detalle" que no toma mucho tiempo, pero puedo decirte que sí representa una GRAN diferencia.

En cada prueba que he realizado los resultados indican que el número de suscriptores se incrementó en un 5% o más, tan sólo por el hecho de solicitar únicamente el correo electrónico.

Solicitar ambos disminuye las conversiones.

Recuerda estas definiciones:

- **Una conversión sucede cuando alguien decide tomar acción y se registra en tu lista.**

    Si por ejemplo, 62 personas se registraron el Lunes, obtuviste 62 conversiones ese día.

- **El índice de conversión es el porcentaje de personas que toman acción.**

    Si 100 personas visitaron tu sitio y 62 se registraron, tu índice de conversión es del 62%

Por lo tanto, para obtener las más altas conversiones, pide ÚNICAMENTE el correo electrónico.

No incluyas el nombre.

Recapitulando:

1. **La mayoría de las Páginas de Capturas**

solicitan nombre y correo.

2. Sin embargo, varias pruebas muestran que solicitar ambos datos REDUCE las conversiones.

3. Solicita únicamente la dirección de correo electrónico.

El Marketero inteligente sabe que...

No estamos en 1999, la gente ya no se sorprende cuando su nombre aparece en el correo.

Puedes obtener un 5% o más tan sólo por solicitar únicamente el correo electrónico en tu formulario de registro.

Ese 5% puede representar miles de dólares más en tu cuenta de banco.

Hay sólo un punto importante aquí que debes preguntarte respecto a tu formulario.

Te hablaré de él en la siguiente lección...

"2.4 Registro Sencillo vs. Registro Doble"

Objetivo: **Aprender qué es un Registro Sencillo y uno Doble y sus respectivas ventajas y desventajas.**

Al término de la lección sabrás cuándo utilizar una u otra opción.

Tiempo estimado: **5 minutos.**

Antes de comenzar: **Ten a mano lápiz y papel para tomar notas.**

Registro Sencillo vs. Registro Doble, es un tema de debate entre la comunidad de Marketeros Online.
Ambos tienen ventajas y desventajas, te explicaré cada uno:

Registro Doble.

Un Registro Doble es cuando el cliente rellena el formulario, pero posteriormente tiene que CONFIRMAR su suscripción.

Es decir, tienen que hacer **Click** en el **Enlace** que aparece en el correo de confirmación que les llega inmediatamente después de registrarse.

Si no lo hacen, no se agregarán sus datos a tu lista.

Este es un ejemplo de lo que sucede con un Registro doble:

1. El visitante ingresa sus datos y presiona el botón <u>Enviar</u>.

2. Un correo con un mensaje de confirmación, es enviado a su bandeja de entrada.

Generalmente es algo como esto:

"Hemos recibido su solicitud de registro.
Por favor, confirme haciendo click en el enlace siguiente."

O bien:

"Haga click en el enlace para confirmar su registro.
Al hacer click en el enlace de confirmación, nos está autorizando a enviarle más información.
Es rápido y sencillo.
Si no puede hacerlo, copie y pegue el enlace en su navegador."

3. Tu nuevo suscriptor <u>Debe</u> hacer click en ese enlace, pues la <u>ÚNICA</u> manera de que sea agregado a su lista.

4. Si no lo hace, no podrá recibir tus notificaciones posteriores.

VENTAJAS.

• La mayor ventaja de esta opción de Registro Doble es que te permite tener sólo suscriptores **CUALIFICADOS.**

Después de todo, para poder formar parte de tu lista, tuvieron que abrir su correo de confirmación y hacer click en el enlace.

Quizá termines con una menor cantidad de personas en tu lista, pero sabrás que son realmente **personas interesadas en tus contenidos**.

- Además, no tendrás que lidiar con una lista de correos falsos.

Sí, algunas personas ingresan correos falsos. Ocasionalmente sucede también que SPAMMERS/HACKERS envían programas que registran correos falsos.

Las buenas noticias son, que puedes eliminarlos de tu lista, de inmediato y de manera muy fácil.

DESVENTAJAS.

- El paso extra de la confirmación, deja a muchas personas fuera.

Aunque sólo implica abrir un correo y hacer click en un enlace, algunos nunca lo hacen.

- A veces, los filtros de SPAM bloquearán el correo de confirmación, lo que significa que algunas personas que están **REALMENTE** interesadas en tus correos, no podrán incluirse en tu lista.
- Terminarás con menos suscriptores en tu lista, con quienes comunicarte y enviarles promociones.

En pocas palabras, **un Registro Doble te permite tener suscriptores de calidad pero, sin duda, será una lista más pequeña**.

Registro Sencillo.

El **Registro Sencillo** es cuando el cliente registra su correo en el formulario y automáticamente es agregado a tu lista.

No le quedará nada más que hacer, que recibir tu boletín.

VENTAJAS.

- Es simple y directo para el suscriptor, ya que la gente sólo ingresa su correo una vez, hace **Click** en **Enviar** y recibir la información, es la gratificación instantánea.
- Esto representa que obtendrás mayor cantidad de registros y tu lista crecerá más rápido.

DESVENTAJAS.

- Aunque resulta más sencillo recolectar los correos, la calidad de los suscriptores disminuye.

  Ten en cuenta que cuando alguien toma acción para confirmar que quiere formar parte de tu lista, suele estar más dispuesto a escuchar lo que tienes que decirle.
- Podrás terminar con una lista grande, pero con un determinado número de correos falsos.

Los Registros Sencillos te generan una calidad inferior de suscriptores, pero un mayor número de ellos.

¿Cuál deberías elegir?

Es tu decisión elegir qué tipo de Registro utilizar.

Sólo considera este punto para tomar una decisión:
"¿Cuánto sabe tu audiencia sobre correo electrónico?"

En los últimos años, me he inclinado más por los Registros Sencillos, ya que simplifican las cosas a la gente que en realidad quiere estar en mi lista.

Además, si estás invirtiendo dinero para recabar suscriptores, el Registro Doble te puede dejar fuera suscriptores, aumentando considerablemente el costo por suscriptor.

Tu audiencia puede que no tenga mucha noción de que han de revisar la bandeja de SPAM o la pestaña de **PROMOCIONES** en Gmail, que es donde generalmente terminan los correos.

Por tanto, desde el punto de vista del suscriptor, el Registro Sencillo es más práctico y directo.

Las buenas noticias son, que no tienes que decidirlo ahora, pero tienes que ser consciente de estos detalles y tenerlos en mente, porque van de la mano con la siguiente parte del curso.

Recapitulando:

1. El Registro Doble requiere que la gente **ingrese sus datos y ADEMÁS confirme su correo.**
2. El Registro Sencillo es más práctico, pero disminuye la calidad de los suscriptores.
3. Los Registros Dobles incluyen un paso EXTRA, por lo que la calidad de los suscriptores es mayor pero la cantidad será menor.

El marketero inteligente sabe que...
Ambos Registros tienen ventajas y desventajas.
La decisión, en realidad, dependerá de qué fácil les resulte a tus suscriptores y si estás dispuesto a sacrificar Calidad por Cantidad de éstos.

Ahora que ya conoces las características de una Página de Captura bien diseñada, las siguientes dos lecciones te enseñarán **cómo persuadir a los visitantes para que tomen acción y se registren.**

"2.5 El Incentivo Gratuito"

Objetivo: **Aprender la importancia de ofrecer a tus suscriptores un incentivo GRATIS y qué tipo de incentivo es más apropiado.**

Al término de la lección sabrás por qué ofrecer un incentivo gratuito y qué ofrecer.

Tiempo estimado: **10 minutos.**

Antes de comenzar: **Ten a mano varias de tus Páginas de Captura favoritas, porque las utilizarás en el ejercicio del final. Prepárate para tomar notas.**

El poder de ofrecer algo GRATIS.

Si hay algo que a todo el mundo le agrada es la palabra **GRATIS.**

Puedes ofrecer desde una lección con Tiger Woods **GRATIS**, hasta una lata de atún **GRATIS** para tu gato...siempre tendrás la misma respuesta, la gente salta ante la oportunidad de obtener algo **GRATIS.**

¿Por qué?

¿Cuál es la razón que nos mueve cuando se trata de algo **GRATIS**?

Porque sentimos que ganamos algo.
Sentimos que hemos derrotado al sistema aunque sea sólo un poco.

Obtuvimos lo que queríamos sin tener que pagar por ello,

o al menos eso pensamos.

Si nos ofrecen una muestra **GRATIS**, nos hace pensar: "Si esto es lo que ofrecen **GRATIS**, si pago por el producto sin duda valdrá la pena".

Déjame darte un ejemplo:

Digamos que quieres perder 15 kg para tu boda.

Si existe un programa de pago que te promete enseñarte cómo perder esa cantidad de peso rápido, probablemente pensarás en comprarlo.

Pero si te ofrecen una guía **GRATIS** para eliminar 5 kilos en una semana, ¡SIN DUDAR ni un momento lo aceptarías!

Aún y cuando no estuvieras recibiendo el programa completo **GRATIS**, la posibilidad de obtener parte de él **GRATIS** está ahí... y es suficiente para convencerte de que dejes tu correo.

¿Por qué **GRATIS** es la palabra **MÁS** importante?

Cuando la gente ve la palabra **GRATIS**, sucede algo muy interesante a nivel psicológico:

Aceptas.

Esta es una técnica antigua y verídica.
Cuando alguien acepta algo, cuando dice "Sí, me gustaría probar la muestra
GRATIS", es más probable que vuelvan a decir Sí de nuevo.

Esto significa que una vez que alguien aceptó algo de ti, estarán dispuestos a aceptar más, aún y cuando les implique una inversión.

Es decir, se establece una relación de negocios.

Este consentimiento es muy fácil de obtener.

En la mente de tu audiencia, no existe riesgo alguno pues es **GRATIS**.
Si no les interesa después, no perdieron nada en realidad.

Pero si les gusta, querrán más. Esto los vuelve más responsivos cuando les envías correos de promoción.

Habrán podido "probar" el grado de experiencia que tienes.

Confían en lo que les dices por lo que tus recomendaciones son valiosas para ellos.

Valor.

La gente siempre busca la mejor opción, quieren obtener el mayor valor al menor costo.

Bueno, pues no hay nada más barato que lo que es **GRATIS** y si ese contenido **GRATIS**, además ofrece un gran **VALOR**, quedarán impresionados.

Al ofrecer un reporte **GRATIS** a tus suscriptores, puedes probarles que ofreces gran **VALOR**.

Es tu oportunidad para generar confianza y causarles una excelente primera impresión.

Observa este ejemplo:

"REPORTE GRATIS: Conoce los 6 Poderosos Alimentos que transformarán tu cuerpo en una máquina quema-grasa"

Te garantizo que no encontrarás todos los secretos de cómo perder peso en él, pero obtendrás **información de valor** respecto a los 6 alimentos que pueden ayudarte a perder peso.

¿Ves ahora cómo funciona?

Necesitas ofrecer información valiosa **GRATIS** y no tiene que ser una investigación exhaustiva.

Tu incentivo GRATUITO debe ofrecer un ejemplo del valor que recibirán siendo parte de tu lista.

Una prueba modesta pero significativa de tu conocimiento, es la mejor idea para el incentivo gratuito.

A lo largo de mis más de 10 años en el Email Marketing, he experimentado con diferentes tipos de incentivos gratuitos y esto es lo que me ha funcionado mejor:

Si tu incentivo gratuito promete al lector algunos Tips que garantizan resultados rápidos y tangibles.

No hay nada más valioso para un visitante que obtener lo que quiere rápido, por lo que puedes ofrecerle un reporte gratuito que le muestre cómo generar esos resultados rápidamente.

Observa estos encabezados:

- **La técnica PROBADA que puedes comenzar a utilizar ¡AHORA MISMO!**
- **3 Trucos que reducirán tus gastos 40% ¡INMEDIATAMENTE!**
- **Descubre los 5 Suplementos ESENCIALES para incrementar tu masa muscular ¡¡desde HOY!!**

HOY, AHORA MISMO, INMEDIATAMENTE, son palabras que

prometen rapidez en los resultados.

Este es el mejor tipo de información que puedes ofrecer **GRATIS**.

Tus suscriptores podrán "probar" los resultados y estar así, ansiosos por escuchar cualquier recomendación de tu parte.

Confianza.

El Incentivo GRATUITO les muestra también que pueden confiar en ti.

¿Cómo se logra establecer esa relación de confianza?

- **Primero, estás probando que cumples tus promesas.**
Cuando ellos reciben su obsequio, como lo prometiste, saben que pueden confiar en ti en el futuro.

- **Segundo, te verán como un experto.**
Tu credibilidad se fortalece.
El incentivo gratuito les muestra que sabes de lo que estás hablando.

En otras palabras, les estás diciendo "Oigan, si compran lo que les recomiendo, valdrá la pena".

Podría hacer un curso completo sobre la psicología y el marketing de una oferta **GRATUITA**, es así de importante.

Pero creo que he cubierto los aspectos principales para hacerte ver que ofrecer un incentivo **GRATUITO** es **REQUISITO INDISPENSABLE** para tu Página de Captura.

¿Audio, vídeo, reporte?

He descubierto que ofrecer vídeos y reportes funciona bastante bien. (No he utilizado audio, por lo que no podría decirte qué tal funciona hasta que lo haya probado) pero...

Mis pruebas indican que sin lugar a dudas los **PDF GRATUITOS** tienen una mejor respuesta que los vídeos gratis.

Por lo que te sugiero ampliamente que ofrezcas un Reporte Gratuito.

¿Cómo generar Reportes Gratis Rápidamente?

Escribir un reporte gratuito puede sonar terrible para ti.

Si es así, no temas.

Existen muchos sitios donde puedes conseguir quién los escriba por ti por un mínimo costo.

Otra opción son los Reportes con Derechos de Reventa.

Estos documentos están escritos por otras personas y te otorgan el permiso de utilizarlos como propios.

Digamos que si tu nicho es sobre dietas y quieres ofrecer un Reporte Gratuito sobre los 10 alimentos que convertirán tu cuerpo en una máquina "quema-grasa", podrías encontrar algún Reporte con Derechos de Reventa sobre ese tema, hacerle algunos ajustes y personalizarlo como propio para ofrecerlo **GRATIS** en tu Página de Captura.

Otra opción es pagarle a alguien para que lo haga por ti.

A esto se le conoce como "subcontratar".

Es cuando alguien más hace algún trabajo por ti.

No te preocupes, Internet te ayuda a localizar a alguien y lo hace más sencillo.

Un gran lugar para encontrar un trabajador "FreeLance" es www.odesk.com.

oDesk es un sitio que conecta a muchos profesionales "FreeLance" con clientes.

Los proyectos se clasifican en una gran variedad de áreas, desde publiredacción, hasta diseño web.

No tiene costo crear tu cuenta en oDesk o publicar tu proyecto.

Es muy simple.
Tan sólo elige la categoría del Freelancer que buscas (en este caso un escritor por ejemplo) y describe el proyecto.

Después de publicarlo, los FreeLancers te harán sus ofertas.

Podrás ver las opciones que tienes y elegir evaluando los perfiles de cada uno.

Si te convence la propuesta del Freelancer puedes designarle el proyecto.

Una vez hecho esto, oDesk te permite comunicarte con la persona, coordinar el proyecto y procesar el pago.

Cuando se trata de contratar escritores para que creen tu Reporte Gratuito, tienes 2 opciones:

1) Contratar a alguien para que **REESCRIBA** el documento por ti.

2) Contratar a alguien que cree un Reporte desde cero.

Si tienes una persona para reescribir el Reporte, puedes considerar un pago menor respecto a quien cree el Reporte desde cero.

Por otro lado, contar con una persona que te escriba el Reporte desde cero te da mayor control sobre el contenido.

Aquí te comparto algunos Tips para la contratación:

- **Obtienes lo que pagas.**

Mientras más ofrezcas, mayor será la calidad del trabajo que recibas.

- **Investiga y revisa los perfiles de los escritores**, lee sus retroalimentaciones antes de elegir a alguien para tu proyecto.

- **Fija un período de entrega con claridad.**

Los mejores FreeLancers generalmente llevan a cabo múltiples proyectos, pero al fijar el plazo, conseguirás propuestas de personas que pueden trabajar adaptándose a tu horario.

- **Sé muy claro con las indicaciones y supervisa el trabajo cuando contrates a alguien.**

Pídele que notifique sus avances con regularidad, es la forma de conseguir lo que quieres y de que el Freelancer no se frustre con re-trabajos.

Un buen escritor puede ser un activo muy valioso para tu negocio de Email Marketing. Después de todo, necesitarás escribir muchas cosas.

Eso significa que deberías recompensar a quienes trabajan para ti, pagarles a tiempo y comunicarles tus necesidades de manera respetuosa es fundamental.

Terminaré esta lección dejándote que hagas un ejercicio para identificar qué estarás ofreciendo como incentivo gratuito a tus lectores.

Te daré algunas fuentes para que puedas comenzar de inmediato.

Recapitulando:

a) A todos les gusta recibir algo <u>GRATIS.</u>

b) Ofrecer un incentivo gratuito les muestra que estás dispuesto a entregar valor y a construir una relación.

c) Una relación de negocios sin riesgo, basada en el consentimiento, se crea cuando el suscriptor recibe un regalo <u>GRATIS.</u>

d) La mejor muestra <u>GRATIS</u> que puedes ofrecer es una parte de información que brinda resultados rápidamente.

e) Tienes que probar que eres un experto y que tus opiniones son valiosas.

f) Sólo después de que el suscriptor recibe su obsequio, sabrá que cumplirás tus promesas.

g) Utilizar contenido con derechos de reventa de un sitio como plrplr.com te da una base para comenzar a trabajar en tus reportes gratuitos.

h) Utilizar sitios de FreeLance como oDesk te permitirá contactar con buenos escritores para crear tus reportes a un precio muy accesible.

EJERCICIO

1. Revisa las tres Páginas de Captura que seleccionaste en la lección anterior.

2. Observa qué clase de Incentivos Gratuitos ofrecen.

3. Identifica qué tipo de Incentivo es, un PDF, un vídeo, audio, etc.

4. ¿Cuáles son las promesas y los resultados que ofrecen?
Escríbelos.

5. Escribe 3 ideas para el Incentivo Gratuito que ofrecerás en tu Página de Captura.

Te recomiendo que comiences con un pequeño reporte en PDF de entre 10-15 páginas para una mejor respuesta.

6. Comienza con ese reporte.

No tienes que escribirlo tú, puedes contratar a alguien para que lo haga.

El Marketero inteligente sabe que...

Un Incentivo Gratuito deberá atraer suscriptores con una muestra del valor de su contenido y que además ofrece resultados rápido.

Asegúrate de que tu Incentivo Gratuito ofrezca suficiente valor para sentar las bases de tu credibilidad y muestre con claridad el valor y la confianza para lo que sea que promuevas posteriormente.

Es todo en esta lección.

Realiza las asignaciones.

"2.6 ¿Qué Decir en tu Página de Captura?"

Objetivo: **enseñarte cómo escribir de manera simple pero efectiva en tu Página de Captura para maximizar el número de suscriptores.**

Sabrás cómo escribir copy que incremente de forma dramática el número de registros.

Tiempo estimado: **20 minutos.**

Antes de comenzar: **ten a mano una hoja en blanco para realizar el ejercicio del final.**

Las mejores páginas de captura tienen un excelente copy que convierte a los visitantes en suscriptores.

En caso de que no lo recuerdes, **una <u>CONVERSIÓN</u> es cuando alguien toma la acción que quieres que tome, en este caso, que se registre a tu lista.**

El índice de conversión te dice con qué frecuencia estás teniendo éxito.

Mientras mayor sea la conversión, mejor.

Si quieres que tu Página de Captura convierta, necesitas asegurarte de que las palabras que incluyas en ella sean certeras.
Eso significa que tienes que saber escribir copy.

Recuerda esta definición:

<u>**PUBLIRREDACCIÓN: Escritura que persuade al lector a hacer lo que quieres que haga.**</u>

La mayoría de los textos que ves hoy en día en tu vida diaria, desde las palabras en un póster en la estación del metro hasta el texto en el periódico, son considerados Publiredacción.

Es un tema muy amplio.

La Publiredacción es un arte que requiere años para dominarla.

Pero, dentro de 20 minutos podrás escribir mejor redacción persuasiva que el 90% de los marketeros.

La clave para lograrlo es muy SIMPLE.

Existen sólo unas cuantas cosas en las que debes trabajar para crear una gran Página de Captura:

1. **Encabezado.**

2. **Viñetas/Beneficios.**

3. **Palabras poderosas y Números.**

4. **"GRATIS".**

5. **Llamado a la Acción en el botón.**

Vayamos por pasos.
Te prometo que puedes escribir todas estas cosas en 20 minutos o menos si te enfocas en seguir esta guía.

Pero, antes de seguir, hay otra cosa muy importante que recordar...

Muestra el incentivo GRATUITO.

Tu Página de Captura tendrá una conversión mucho mayor si enfocas la atención del visitante en el **INCENTIVO GRATUITO**.

En lugar de decirle a la gente todos los beneficios de formar parte de tu boletín, o hacerles ver cuánto sabes y porqué es importante que consideren tu opinión como valiosa..."véndeles" el **INCENTIVO GRATUITO**.

Recuerda que estás ofreciéndoles **VALOR.**

Al motivarlos a obtener el **INCENTIVO GRATUITO**, obtienes un "Sí" de su parte para aceptar correos posteriores tuyos, mientras reciben información útil a cambio.

Ahora, hablemos del...

1. ENCABEZADO.

Es la parte más importante de tu redacción en tu Página de Captura.

Representa alrededor del 80% de tu juego.

Los encabezados tienen 2 reglas muy simples:

a) Captan la atención con un beneficio irresistible y un lenguaje poderoso.

b) Utilizan mayúsculas para la primera letra de cada palabra importante.

Puede tomarte años aprender a escribir encabezados exitosos, yo aún dedico la mayor parte de mi tiempo a los encabezados que a cualquier otra cosa.

Pero tú también lo puedes hacer en 5 min y no tienes que reinventar la rueda.

2. Viñetas y BENEFICIOS.

Las viñetas deben enlistar entre 3 y 5 beneficios específicos (no más) que el usuario puede obtener si se registra.

Evita hablar de las características y céntrate en los **BENEFICIOS.**

¿Qué diferencia hay entre "Características" y "Beneficios"?

- **Características son las cosas fascinantes acerca de tu incentivo gratuito.**

- **Los Beneficios son los resultados que obtendrá tu suscriptor al consumir y aplicar la información del incentivo gratuito.**

Esto es a lo que me refiero:

CARACTERÍSTICA: "Este auto tiene aire acondicionado"

BENEFICIO: "Sentirás el confort en este auto aun cuando estés a 45°"

¿Ves la diferencia?

Olvídate de venderles lo grandiosa que es tu información, cuánta investigación hay detrás, etc.

Tan sólo enlista los beneficios y cómo se sentirán una vez que conozcan lo que tienes para ellos.

¿Recuerdas lo que decía acerca de los resultados tangibles y rápidos?

Utiliza las viñetas para enlistarles los **RESULTADOS** que pueden esperar después de leer tu Reporte.

Tus viñetas pueden ser más cortas, o tener sólo un par de subtítulos.

Recuerda que hay algunos beneficios inmediatos para aquellos que tienen un problema con su perro, por ejemplo...

"Si mi perro se orina en el tapete, sin dudarlo me registraría para descargar el Reporte Gratis."

¿Cómo decidir si deberías utilizar varias viñetas o sólo un par de títulos?

Investiga otros ejemplos de Páginas de Captura en tu nicho, si observas una tendencia, sin duda es porque funciona. Te sugiero que la imites (no copies).

3. PALABRAS PODEROSAS Y NÚMEROS.

Los números y palabras poderosas son tus mejores aliados en tu redacción.

Utilízalos generosamente.

Créeme, mientras más te enfoques en las palabras poderosas, más sencillo te resultará escribir tu redacción pues prácticamente se escribe sola.

Algunas de mis palabras poderosas favoritas son:

- Técnicas.
- Tácticas.
- Descubre.
- "Un pequeño secreto".
- Fácil/Sencillo.
- Secreto.
- Al Instante.
- Ahora.
- Acceso Inmediato.

Y la favorita de todos: **GRATIS.**

4. GRATIS.

Sé que lo estoy repitiendo mucho, pero **es un REQUISITO INDISPENSABLE que ofrezcas algo GRATIS.**

Es mucho más efectivo promover un PDF gratuito o un libro electrónico que sólo un boletín gratis.

De hecho, mientras más utilices la palabra **GRATIS** en la parte superior de tu página, mayor conversión obtendrás.

Repite la palabra **GRATIS** varias veces en toda la página.

Por supuesto, querrás repetirla con un argumento, pero si observas este ejemplo, verás cuántas veces repiten la palabra **GRATIS.**

Observa cómo puedes utilizarla con las insignias y Sellos.

¡Es poderosísimo!

5. BOTÓN DE LLAMADO A LA ACCIÓN.

El botón de llamado a la acción es el que necesitan hacer click para enviar su dirección de correo electrónico.

He realizado pruebas por más de 10 años para evaluar qué palabras colocar en ese botón, Y NO PUEDES equivocarte si sigues estos tres consejos:

- "Recibe tu Reporte GRATIS AHORA" (convierte mejor que "ENVIAR").

- "Haz Click Aquí y Recibe tu PDF GRATIS (convierte mejor que "SUSCRÍBETE").

- "ACCESO GRATUITO INSTANTÁNEO" (convierte mejor que "ÚNETE").

Bastante simple ¿verdad?

Créeme, son poderosísimos.

Tus índices de conversión serán mejores si aplicas estos Tips.

Algunos ejemplos:

Aquí podrás ver esos principios en acción.

Este es un ejemplo del nicho de las oportunidades de negocio:

"Retírate de tu Trabajo en 6 Semanas con este Increíble

y Lucrativo Curso".

Esta es una página completa, como puedes ver, el copy es increíblemente simple.

No hay muchas palabras, pero las que se incluyen IMPACTAN en verdad.

De hecho, en las Páginas de Captura demasiadas palabras y un copy complicado, afectarán el índice de conversión y disminuirá mucho.

No le des a la gente muchas opciones de qué hacer, **"demasiadas opciones son garantía de una baja conversión"**.

Cuanto más rápido vea la gente los beneficios, más rápido identificará el formulario de registro y más alta será tu conversión.

Veamos un ejemplo...

Encabezado:

"Retírate de tu trabajo en 6 Semanas" con el "Increíble y Lucrativo Curso"

Llamados a la acción:

"Ingresa tu mejor Correo"

"HAZ CLICK AQUÍ PARA CONTINUAR" (con mayúsculas)

Si mencionas que es una oferta 100% GRATUITA y que no se requiere tarjeta de crédito es mucho mejor.

Una vez que tu página esté configurada, los índices de

conversión te dejarán saber cuánto resuenan tus palabras con tu audiencia.

Sin embargo, hay un paso que no debes olvidar después de haber escrito la redacción persuasiva...

Creer que eres un visitante.

Siempre dale un vistazo final a tu mensaje desde el punto de vista de tus suscriptores.

¿Llama tu atención el encabezado?

Un error que cometen muchos marketeros es colocar su logotipo en la parte superior de la página haciendo que sea lo primero que detecten los ojos del visitante.

Olvídate del logo.

Asegúrate de que tu encabezado sea poderoso y de un buen tamaño para llamar la atención de las personas.

¿Existe algo en tu mensaje que añada poco o ningún valor?

Otro error que con frecuencia observo es que mis estudiantes complican el mensaje.

Recuerda: cuanto más sencillo y conciso sea, mejor conversión te generará.

¿Estoy hablándole a las necesidades del mercado?

No se trata de cuánta buena información ofreces, sino de los beneficios que obtendrán.

SIEMPRE enfócate en los beneficios.

Una vez que hayas realizado esta inspección final, estás listo para crear tu Página de Captura.

Así es, estás prácticamente listo para comenzar a recibir visitas y generar tus primeros suscriptores.

Pero, hay un paso fundamental aún que tienes que dar.
Y cuando digo FUNDAMENTAL es porque 95% de los marketeros fallan en este punto. Y les está costando mucho dinero. Por lo que me niego a que te suceda lo mismo.
El siguiente paso que te daré es un sistema de "copia y pega" para comenzar con el pie derecho.

Pero en este momento quiero que escribas la redacción para tu Página de Captura.

¡Hazlo ahora!

Recapitulando:

- **Un mensaje irresistible en tu redacción hace la diferencia entre una Página de Captura que convierte fabulosamente y otra que falla por completo.**

- **Tu ENCABEZADO es la parte más importante de tu Página de Captura.**

- **Enlista los beneficios utilizando viñetas para que tus suscriptores puedan escanearlos rápidamente.**

- Utiliza de manera generosa PALABRAS PODEROSAS y NÚMEROS.

- Ofrece algo valioso GRATIS para persuadir a las personas a que se registren.

- Incluye una llamada a la acción clara.

- Ponte en los zapatos de tus suscriptores. Te ayudará a mejorar tu redacción persuasiva.

EJERCICIO

En este ejercicio, vas a crear un ejemplo tanto de tu encabezado como del mensaje completo.

No te llevará mucho tiempo si sigues este proceso al pie de la letra:

- Escribe las 3 principales necesidades de la gente en tu nicho.
- De esas tres necesidades, ¿cuál es la más urgente?
- Elige un ejemplo del archivo "modelo" para los encabezados y escribe el tuyo.
- Elige PALABRAS PODEROSAS.
- Agrega algunas al encabezado que hagan énfasis en la necesidad principal de tu nicho.
- Ahora escribe una viñeta para cada necesidad restante.
- Agrega PALABRAS PODEROSAS a cada

una.
- Asegúrate que hayas utilizado la palabra "GRATIS" por lo menos 3 veces en la Página de Captura.
- Escribe las palabras que colocarás en el botón. No trates de reinventar la rueda, tan sólo copia alguna de estas frases:

- "Recibe tu Copia GRATIS AHORA"

- "Haz Click Aquí para Obtener tu Copia GRATIS"

- "Acceso Instantáneo GRATIS"

El Marketero inteligente sabe que...

Estás escribiendo para la gente.

Atrae su atención con el encabezado, háblale a sus necesidades y ofrécele algo GRATIS a cambio de sus datos.

Necesitas hablarle a las necesidades, miedos y esperanzas de tus clientes.

Nunca olvides estos puntos y tu Página de Captura convertirá extraordinariamente.

Te has convertido en todo un experto en creación de Páginas de Captura.

Vayamos al paso final, aplicar lo que has aprendido y crear la tuya.

¡No me decepciones, haz tu mejor esfuerzo!

"2.7 Crea tu Página de Captura."

Objetivo: **Tener tu Página de Captura diseñada profesionalmente.**

Tendrás toda la información necesaria para solicitarle a un diseñador tu Página de Captura así como mi "AS bajo la manga" si quieres diseñarla tú mism@.

Tiempo estimado: **15-20 minutos.**

Paso 1: Asegúrate de tener un dominio y servicio de hospedaje.

- Dominio
- Hosting

IMPORTANTE: asegúrate de guardar TODA la información que la compañía de Hospedaje te envíe.

Esa información incluirá los datos de acceso a tu CPanel, los Servidores y la cuenta FTP que necesitarás después.

Debes Cambiar los Servidores en el sitio donde hayas adquirido tu dominio una vez que recibas la información de la compañía de hospedaje.

Paso 2: Elige una distribución para tu Página de Captura.

Paso 3: Escribe tu mensaje.

- Recuerda los "Encabezados Favoritos de Heliosaki" puedes modelar usando los ejemplos que te he dado.

- Utiliza el correo que te hice llegar para ayudarte a escribir el encabezado y las viñetas.

Paso 4: Abre una cuenta en alguno de los sitios de FreeLance.

- Freelance.com es uno de los sitios que yo utilizo para lograr una "Subcontratación Rápida y Sencilla".

- Elige una cuenta de empleado, es gratis.

- Configura la información de pago. Es una buena idea que lo hagas ahora, pues algunos sitios requieren verificar tu tarjeta y eso puede llevar algunos días.

Paso 5: Crea un proyecto de trabajo.

- Define el plazo, describe las instrucciones sobre los gráficos y colores y cualquier otra información que consideres importante para la creación de tu Página de Captura.

- NO INCLUYAS ninguna información de tu cuenta FTP. Eso lo harás cuando hayas contratado a la persona.

Paso 6: Publica el trabajo y elige algún Freelancer.

- Publica el trabajo.

- Revisa las propuestas de los FreeLancers.

Paso 7: Sigue de cerca el trabajo del Freelancer.

- Envíale los trazos de la distribución de página que quieres junto con el mensaje.
- Deja que trabajen en el diseño primero, antes de que le envíes la información de tu servicio de hospedaje.
- Dile que le enviarás el código del AUTORESPONDEDOR después de haberlo configurado. Esto lo harás en el paso 4.
- Una vez concluido el diseño, envíale la información de tu FTP para que pueda agregar tu Página de Captura en tu servicio de hospedaje.

Ahora bien, para quienes desean ahorrarse tiempo y quieren aprovechar una opción profesional y a un muy buen precio, tengo mi "AS bajo la manga".

Se trata del servicio de creación de Páginas de Captura más eficiente que conozco, con un excelente soporte y con los tutoriales necesarios para crear tu Página de Captura en un 2 x 3 ;-).

-->Conoce mi AS bajo la Manga<--

¡FELICIDADES!

Has dado un gran paso para comenzar con tu negocio de Email Marketing.

Le tomará un par de días o máximo una semana al diseñador tener lista tu Página de Captura.

Mientras tanto, seguirás trabajando en tu negocio.

Puedes hacer los siguientes dos pasos mientras esperas que esté lista tu Página de Captura si elegiste apoyarte en un FreeLance.

Si por el contrario, creaste tu Página de Captura con Leadpages ¡estás listo para comenzar!

En el siguiente módulo descubrirás cómo configurar tu AUTORESPONDEDOR y Rastrear tus Enlaces.

MÓDULO 3: "AUTORESPONDEDORES"

Sí, ya me imagino lo que estás pensando...

Bueno Helio, ya me enseñaste cómo elegir un nicho rentable, cómo crear una buena publiredacción para mi Página de Captura, cómo tener una Página de Captura profesional, pero...¿cómo recolectas los correos electrónicos?

Cuando la gente ingresa su correo y hace click en el botón de "Dame Acceso GRATIS AHORA" ¿qué sucede? y ¿cómo envías contenido y promociones a toda esa gente sin tener que hacerlo de forma manual?

Después de todo, tienes que enviarles correos si quieres que tu negocio prospere.

La respuesta es, utilizando un servicio conocido como **AUTORESPONDEDOR**.

Creo sinceramente que la invención del **AUTORESPONDEDOR** revolucionó la industria del Email Marketing y me atrevería a decir, que del marketing por internet en sí mismo.

El **AUTORESPONDEDOR** ha convertido el Email Marketing en un modelo de negocio viable a largo plazo.

Con toda esa automatización necesitas poder rastrear lo que hacen los suscriptores con los enlaces que les envías en los correos.

¿Hacen click en ellos?

¿Toman acción después de hacer click?

Esta es la razón por la cual termino esta parte del curso

mostrándote cómo realizar ese rastreo, por qué es tan importante y el servicio que te recomiendo para que tengas el mejor resultado.

3.1 Introducción a los AUTORESPONDEDORES.

Objetivo: **Aprende lo que es un AUTORESPONDEDOR y conoce los 3 que yo recomiendo.**

Al término de la lección sabrás lo que un servicio de **AUTORESPONDEDOR** puede hacer por ti y tu negocio.

Tiempo estimado: **10 minutos.**

Antes de comenzar: **abre tu navegador para que puedas seguir la lección.**

Un **AUTORESPONDEDOR** automatiza las respuestas de correo electrónico ("**AUTO-RESPONDEDOR**")

Como dije antes, automatiza cada aspecto del proceso desde la recolección del correo hasta el mantenimiento de la calidad e integridad de tu lista.

Estas son algunas cosas con las que te facilita el trabajo este servicio:

- Almacena los correos que colectas de manera segura en una base de datos.
- Esto es vital para mantener a salvo y en privado la información de tus prospectos.
- Te permite elegir el momento en que quieres enviar un correo a tu lista.
- Puedes programar los correos con anticipación, incluso configurarlo para que envíe correos específicos a los nuevos suscriptores.
- Automáticamente se encarga de aspectos administrativos, aspectos como "suscriptores que se

dan de baja" de tu lista.

- Puede indicarte si los correos que escribes superan los filtros ANTI-SPAM.
- Si utilizas las palabras incorrectas o una puntuación inadecuada en tus correos, la tecnología ANTI-SPAM puede detectarlos como "inadecuados" y esto evita que los suscriptores reciban tus correos.

Los **AUTORESPONDEDORES** te permiten revisar esto antes de enviar tus mensajes.

- También puedes ir recolectando información estadística muy importante de tu lista.

Esto incluye los correos enviados (cuántos correos llegaron a tus suscriptores) y los índices de apertura (el porcentaje de suscriptores que en realidad abre tus correos).

Básicamente, un **AUTORESPONDEDOR** automatiza un 98% de tu negocio de Email Marketing, una vez que sigues unos cuantos pasos para configurarlo por supuesto.

El factor más importante es la confiabilidad del servicio.

Un **AUTORESPONDEDOR** debe ser capaz de funcionar 24/7 sin intervalos.
Y tiene que ser capaz de enviar tus mensajes sin demora.

Hay docenas de servicios, algunos más caros que otros, y están diseñados para satisfacer a gran escala corporaciones o grandes compañías.

Pero hay también excelentes servicios con los que puedes comenzar a un mínimo costo mensual de 15 $ al mes (el precio aumenta conforme el número de suscriptores lo haga).

Estos son algunos de los servicios más confiables:

1. GetResponse
2. Aweber

Cualquiera de estos 2 te garantiza confiabilidad de entrega.

Con eso me refiero a que el esfuerzo que pone un **AUTORESPONDEDOR** para enviar de forma masiva correos, no está bloqueada por los servicios de internet.

Todos los servicios que mencioné antes ofrecen un excelente servicio.

Yo personalmente utilizo ambos, pero últimamente Getresponse ha agregado varios servicios gratuitos, por lo que te hablaré de él en este entrenamiento.

Debes saber también, que ningún **AUTORESPONDEDOR** es perfecto.

Con algunos por ejemplo, puedes acabar pagando mucho más conforme tu lista crece.

Ya veremos ese punto más adelante.

Pero todos los **AUTORESPONDEDORES** hacen prácticamente lo mismo, una vez que aprendes a utilizar uno, comprenderás cómo usar cualquier otro servicio.

Recapitulando:

1. El **AUTORESPONDEDOR** facilita enormemente la gestión de tu negocio.
2. Un **AUTORESPONDEDOR** confiable es fundamental para el éxito de tu negocio.
3. Los 2 servicios de **AUTORESPONDEDOR** que te recomiendo son: GetResponse y Aweber.

Ahora que ya sabes qué es un **AUTORESPONDEDOR** y conoces los servicios que te recomiendo, estás a punto de abrir tu cuenta y configurar tu primer correo, pero eso será en la siguiente lección...

3.2 AUTORESPONDEDORES (2a. Parte)

GetResponse.

Objetivo: comprender las ventajas y desventajas de elegir GetResponse como tu AUTORESPONDEDOR.

Tiempo estimado: **5 min.**

Antes de comenzar: **Dirígete a** GetResponse.

Beneficios de GetResponse.

GetResponse es un excelente servicio.

Hay varias razones por la que me gusta, pero la principal es que tiene un 98% de confiabilidad de entrega.

Te puedo decir como marketero que esos números son EXCEPCIONALES.
No hay nada peor, que tus correos terminen en la bandeja de SPAM de tus suscriptores.

Con GetResponse, es realmente extraño que eso suceda.

Además, tiene varias herramientas muy prácticas:

1. La experiencia del usuario es excelente desde el formulario de captura es muy simple de configurar.

2. El precio es accesible para la mayoría.
Conforme crece tu lista, se mantiene en un nivel competitivo y puedes ahorrar 18% si pagas anualmente.

3. Puedes crear encuestas en línea GRATIS, lo que te permite interactuar con tu lista y obtener retroalimentación.

4. Puedes configurar correos que sean enviados en un momento específico según la zona horaria.
Esta característica se llama "Tiempo Mundial" y puede resultarte de utilidad si tu lista incluye personas de otros lugares.

5. Excelente Soporte al Cliente Cuando requieres ayuda, siempre están ahí. Hay excelente material en los tutoriales.

6. Los correos que envías con GR están listos para abrirse en dispositivos móviles.
Muchos AUTORESPONDEDORES tienen dificultades en ese sentido.

7. Lo más importante: Los registros dobles son opcionales.

Tal como mencionamos en el Paso 2, existen ventajas y desventajas del registro doble.

Recordarás que significa que, cuando un suscriptor se registra a tu lista, necesita verificar su correo a través de un correo de confirmación.

Pedirle a la gente que lo haga reduce tu índice de conversión.

Con todos los AUTORESPONDEDORES, te recomiendo en este paso que elijas el registro sencillo.

Esto significa que podrás construir tu lista más rápido y le resultará más sencillo a tu audiencia sobre todo si no tiene experiencia en esto del correo electrónico.

¿Alguna desventaja de GR?

 No lo creo, por eso es mi servicio favorito y al día de hoy es el que utilizo.

GetResponse ofrece un periodo de prueba GRATIS de 30 días y no te pide datos de tu tarjeta.

Esto te da la oportunidad de conocer las cualidades del sistema y no te tienes que preocupar de cancelar si no satisface tus necesidades.

Tan sólo elige el período de prueba GRATIS, regístrate y todo lo que necesitas es colocar nombre y correo.

Regístrate a la prueba gratis aquí

El plan de inicio es de 15 $ al mes, lo que resulta competitivo respecto a otros servicios.

Muchos emprendedores con los que trabajo, eligen GR desde el inicio.

Si quieres comenzar ahora, haz click aquí y ahórrate los pasos 4.5 si no deseas conocer Aweber.

Recapitulando:

1. GetResponse sin duda es mi primera opción cuando de AUTORESPONDEDORES se trata.

2. No necesitas tarjeta de crédito para comenzar el período de prueba de 30 días.

3. GetResponse te ofrece muchas características y muy prácticas para cuando estás comenzando.

Hasta aquí esta lección, ¡pon manos a la obra y enfócate en construir el siguiente bloque de tu Negocio de 4 Horas!

3.3 Rastreo de Clicks

Presta mucha atención, porque este paso es el talón de Aquiles del 99% de los marketeros.

Tal como lo lees, si no llevas a cabo este paso con eficiencia, estarás "a ciegas" en tu negocio.

Objetivo: **Aprender cómo utilizar el servicio de rastreo de clicks para monitorear la efectividad de tus correos y puedas ver qué está funcionando y qué no.**

Al término de esta lección podrás crear enlaces de rastreo.

Tiempo estimado: **10-15 min.**

Ten a la mano lápiz y papel para tomar notas.

Como en cualquier negocio, necesitas conocer tus números para tomar mejores decisiones.

Un gran error de los emprendedores, es que **sólo se basan en el "sentido común" o en la forma en que "piensan" que algo puede funcionar,** en lugar de aprender a identificar lo que REALMENTE está funcionando.

Con el Email Marketing, necesitas ser capaz de identificar esos puntos críticos, especialmente cuando estás ofreciendo algo a tu lista.

Al mismo tiempo, quieres ver qué es lo que NO está funcionando para ajustarlo y mejorar lo que estás haciendo antes de que te cueste mucho dinero y tiempo.

Aquí es donde entran en juego las MÉTRICAS.

Las métricas son medidas.

En el Email Marketing, tus métricas son aspectos como el porcentaje de suscriptores que abren tus correos o hacen click en un enlace.

Hay muchas métricas que puedes obtener una vez que tu lista está lista y funcionando. Pero la más importante es el **Porcentaje de Clicks (CTR).**

Cuando envías correos ofreciendo algo, motivarás a tus suscriptores a que hagan click en el enlace que incluiste en el correo.

Ese enlace los llevará a la página donde podrán comprar el producto o tomar algún tipo de acción.

Algunos de tus lectores harán click y otros no.

Lo que es importante saber es cuántos hicieron click en el enlace y cuántos no.
Eso te indica qué tal está resonando tu mensaje con tu lista.

El porcentaje de personas que hacen click en el enlace se conoce como

Porcentaje de Clicks (CTR = Click Through Rate)

Un mayor CTR significa que tus suscriptores estuvieron interesados en la oferta que les enviaste. Lo que significa también que tu copy fue bueno y que la oferta resonó con ellos.

Por el otro lado, un bajo CTR significa que tus suscriptores no están interesados, el copy no fue tan bueno o la oferta no resonó con ellos.

¿Ves lo valiosa que es esta información?
Con el tiempo podrás saber qué clase de correos te generan el más alto CTR

Eso te dirá también qué tipo de ofertas convierten mejor para tu lista.

Determina el CTR al rastrear los enlaces.

Para determinar el CTR necesitas rastrear los enlaces que colocas en tus correos.

Muchos AUTORESPONDEDORES generan enlaces en automático para poder llevar a cabo ese rastreo.

Haces esto creando una "URL de rastreo" para ese correo.

Es cuestión de tan sólo marcar una casilla. Una vez hecho esto, contará el número de veces que un enlace es presionado.

Pero el problema con esto es:

Muchos AUTORESPONDEDORES sólo rastrean "enlaces crudos" con sus URL´s de rastreo

Eso significa que un suscriptor hace click en el enlace 10 veces, te indicará esas 10 veces.

Esta información no es tan útil. No quieres que algunas personas hagan click en el enlace muchas veces, sino que muchas personas diferentes hagan click en tu enlace.

Es por ello que yo utilizo un plugin que me da toda esa información

.

¿Qué ventajas ofrece?
Te da un enlace que rastrea Clicks ÚNICOS.

En otras palabras, si la misma persona hace click en el enlace 10 veces sólo se registra UNA.

Cuando observas tu CTR, te darás una mejor idea de cuántas personas en realidad hacen click en tus enlaces.

El plugin "anti-afiliado Links" te ofrece información más confiable porque rastrea sólo clicks únicos.

Y esa es la información que necesitas para tomar buenas decisiones.

Recapitulando:

1. **Es importante saber cuántos suscriptores hacen click en los enlaces que incluyes en tus correos.**

2. **La métrica que nos interesa es el CTR.**

3. **Es mejor rastrear clicks únicos.**

4. **"Anti-Afiliado Links" te facilita el trabajo al generarte URL´s ÚNICAS.**

El marketero inteligente sabe que...

- **Necesitas basar las decisiones de tu negocio en información confiable.**

-   Eso significa que necesitas que dicha información sea de calidad.

-   Invertir tiempo para rastrear tus clicks con el plugin "Anti-Afiliado Links" es una inversión que vale la pena.

¡Sigamos adelante que lo mejor está por venir!

3.4 Crea tu Cuenta de AUTORESPONDEDOR y Configura tu Campaña.

Esta carrera se pone muy emocionante.

En breve, estarás compartiendo tu mensaje con tu lista y aplicando las estrategias y tácticas que te acercarán cada vez más a tu libertad financiera.

¡Manos a la obra!

Objetivo: **Registrarte en alguno de estos servicios GetResponse o** Aweber.

Al término de la lección, tendrás lista tu cuenta de AUTORESPONDEDOR.

Has aprendido mucho en este módulo sobre cómo elegir el servicio de AUTORESPONDEDOR y cómo simplifica tu negocio de manera extraordinaria.

Has comprendido también la importancia que tiene rastrear el número de suscriptores que hacen click en tus enlaces cada vez que les haces llegar un correo.

La clave es utilizar tecnología de rastreo.

Puedes hacerlo con tu AUTORESPONDEDOR, pero yo te recomiendo el plugin "Anti-Afiliado Links" que rastrea los clicks ÚNICOS.

En esta lección, vas a dar el siguiente paso.

Te registrarás y configurarás tu cuenta.

Específicamente, realizarás un ejercicio en el que configurarás tu lista en tu AUTORESPONDEDOR (a este paso se le llama "configurar campaña").

También agregarás el código del formulario de registro a tu Página de Captura.

¿Listo?

¡Comencemos!

EJERCICIO

Antes de nada, regístrate en el AUTORESPONDEDOR de tu elección.

Te recomiendo alguno de estos 2 servicios:

- Aweber **(enlace de afiliado).**
- GetResponse **(enlace de afiliado).**

- Paso 1: **Elige uno de los servicios de AUTORESPONDEDOR que te he mencionado y evalúalo por ti mismo.**

- Paso 2: **Abre una cuenta en el que hayas elegido.**

¡Es momento de comprometerte!

Para que puedas tener éxito en tu negocio necesitarás comprometerte y elegir la opción que puedas pagar.

- **Paso 3:** Después de tu registro, asegúrate de conservar en un lugar seguro tus datos de acceso.

- **Paso 4:** Ahora, necesitas indicarle a tu AUTORESPONDEDOR adonde dirigir a los nuevos suscriptores.
- **Paso 5:** Crea una nueva campaña en tu AUTORESPONDEDOR.

Crearás tu primera secuencia de correos y dirigirás a la gente hacia tu página de gracias en esta nueva campaña.

- **Paso 6:** Agrega tu enlace de la Página de Gracias a tu nueva campaña.

- Últimos Pasos:

    - **Agrega tu primer mensaje a tu nueva campaña.**

    Esto es muy sencillo, con un breve mensaje agradeciendo que se hayan registrado a tu boletín en el que incluyas el enlace para descargar el reporte gratuito que les hayas ofrecido.

    - **Genera el código del formulario de registro, cópialo y pégalo en un archivo de texto.**

    - **Envía esta información a tu diseñador.** No te preocupes que ya sabrá qué hacer con él.

- **Pídele que publique tu Página de Captura.**

Necesitará tus datos de hospedaje para ello.

- **Finalmente, prueba tú mismo la Página para confirmar que todo está en orden.**

NOTA: Si estás utilizando el servicio de Leadpages, lo único que debes hacer es seguir las instrucciones del tutorial correspondiente.

Cuando se haya publicado, regístrate a tu lista.

Si recibes un correo que te redirige a tu página de "Gracias" con tu oferta, entonces ¡FELICIDADES!.

Si no sucede eso, por cualquier razón, ponte en contacto con tu servicio de AUTORESPONDEDOR para que te ayuden.
Así es como puedes corroborar que, efectivamente, tu correo electrónico está en tu lista.

Y ahí lo tienes, una Página de Captura que puedes comenzar a utilizar enviando tráfico para que se registren a tu lista.

¡Ya estás listo para monetizar tu lista de suscriptores y clientes de por vida!
Conseguirás este propósito enviándoles mensajes frecuentemente.

En el siguiente paso, aprenderás sobre los mensajes **EXACTOS** que necesitas enviar a tu lista para ganar dinero, tanto a corto como a largo plazo.

3.5 Las 3 Reglas de la Estrategia de Email Marketing

Objetivo: Comprender por qué debes enviarle correos a tu lista y qué tipo de correos debes enviarle.

Al término de la lección, tendrás una estrategia probada para tus campañas de Email Marketing.

Tiempo Estimado: **5-10 min.**

En general, la razón principal por la cual debes enviarle correos a tu lista se reduce a **3 simples reglas:**

Regla #1: Debes enviarle un mensaje a tu lista DIARIAMENTE.

Aprendí esto hace algunos años, cuando muchos de mis suscriptores se estaban dando de baja y no sabía en ese momento la razón.

En ese tiempo, asistí a un seminario de marketing en el que enseñaba un experto en Email Marketing.

Dijo algo durante una de sus sesiones que en verdad llamó mi atención:

"Escríbele a tu lista todos los días".

Sinceramente me pareció exagerado lo que dijo.

¿No le resultaría un fastidio al suscriptor estar recibiendo correos de mi parte todos los días?

A pesar de que tenía mis dudas, estaba dispuesto a probar. Así que comencé a hacerlo.

Pues para mi sorpresa, las bajas disminuyeron y generé más ventas.

Ahora les enseño la misma estrategia a mis alumnos.

Comprensiblemente, la idea de escribirle a tu lista todos los días parece intimidante.
Después de todo, son muchos correos.

No te preocupes, pues esto me llevó a la segunda regla.

Regla #2: Envía diferentes tipos de correos.

No querrás quedarte sin información que enviarle a tu lista ni tampoco incomodarlos.

De ahí la importancia de "variar" los mensajes que les envías.

En las dos siguientes lecciones te ayudaré a comprender los tipos de correos que deberías enviar.

Tu boletín podría ser una mezcla de estos 3 tipos principales de correos:

1.   Contenido.
2.   Construcción de relaciones.
3.   Promoción (correos de venta).

(Si no te quedan claro los tipos de correos, no te

preocupes que te los explicaré con detalle más adelante).

Si envías todos tus correos **de venta**, estás aburriendo a tu lista y terminarán por darse de baja de tu lista.

<u>Un equilibrio entre buen contenido y ventas es la clave para tener éxito con tu boletín.</u>

Si exageras en alguno de los 3 tipos, corres el riesgo de no generar ventas suficientes (enviando demasiado contenido y construyendo la relación) o molestando a tus suscriptores (demasiados lanzamientos y ventas).

Por supuesto, ambos extremos son negativos para tu negocio.

Mientras estás enviando estos diferentes tipos de correos, asegúrate de tener en mente la Regla #3...

Regla #3: Asegúrate de enviar correos realmente buenos e interesantes.

Esto es algo que la mayoría de los marketeros no hace.

¡¡Y es CRÍTICO para tu éxito.!!

Si estás enviando a tu lista "basura", ya sea "basura de contenido o de ofertas" perderán interés en lo que les quieras decir.

Aún si enviaste 100 correos que encantaron a tus suscriptores, **<u>tan sólo se requiere un sólo correo aburrido para arruinar la buena voluntad de tu lista.</u>**

Eso significa que tienes que asegurarte de que la información que les envías sea útil, inspiradora e interesante y que las ofertas que promuevas realmente entreguen el valor que prometen.

Protege a tu lista.
Asegúrate de velar por sus intereses. De tratarlos con respeto y no sólo como un Cajero Automático.

Si eres bueno con tu lista, permanecerán leales y desearán hacer negocios contigo.

Recapitulando:

1.   Escríbele a tu lista diariamente.

2.   Envíales 3 tipos de correos diferentes, manteniendo un buen equilibrio.

3.   Construcción de la relación.

4.   Contenido de valor.

5.   Ventas.

6.   Lanzamientos.

EJERCICIO

En este ejercicio quiero que comiences tu propio archivo MODELO de correos.

Esto es muy importante para que te conviertas en un buen

email Marketer.

Necesitas tener tu propio archivo de correos MODELO para tu nicho, además de correos que llamen tu atención.

Contar con un archivo MODELO puede ayudarte a convertirte en un email marketer exitoso.

Te ayudará a escribir los mejores correos posibles y a evitar cometer los errores que otros marketeros cometen.

1. Regístrate a tantos boletines puedas, especialmente de tu nicho.

Siempre podrás darte de baja, y deberás crear una cuenta separada de tu cuenta personal sólo para aprender y darte ideas de estos boletines.

2. Comienza a observar los tipos de correos que estos marketeros envían.

3. Revisa los tuyos. ¿Hay alguno que te cautivó tanto como para crear el tuyo?

Cópialos y pégalos en un archivo de texto. Este será tu archivo MODELO.

Te recomiendo que escribas una breve nota sobre lo que más te gusta de cada uno.

Algo como: "Gran título" o "Me encantó el cierre" o algo que te recuerde el mejor atributo de ese correo.

4. También abre un archivo para los correos malos.

Esta es una excelente forma de aprender de los errores de otros para EVITARLOS a toda costa.

5. Lee los correos de otros compañeros inboxers de tu nicho todos los días y "modélalos".

Sí, dije diariamente.

Para que tu negocio crezca, necesitas estar al día de lo que sucede a tu alrededor.

¿Qué están publicando? ¿Qué están promoviendo? ¿De qué están hablando? ¿Cuáles son los problemas más comunes que sus lectores quieren resolver?

Haz esta tarea todos los días durante varios meses.

Este es tu negocio y vale la pena el esfuerzo.

6. Conserva actualizados estos archivos.

Quiero que te hagas el hábito de "tener tus archivos modelo" de cada semana.

Déjalo indicado en tu calendario y reserva 15 min. diarios para observar lo que otros están haciendo.

El Marketero inteligente sabe que...

Tu lista es un ACTIVO.

Desarrolla ese activo al proveerle de valor, ya sea en contenido o en promociones. Mientras más inviertas en ayudar a tu lista, más recibirás ayuda de ella.

Ahora que concluimos los puntos básicos de la estrategia de Email Marketing, es momento de saber con más detalle los 3 tipos de correos que debes enviar a tu lista.

3.6 Correos de Contenido

Objetivo: Aprender cuándo entregar contenido de valor a tu lista.

Aprenderás qué tipo de contenido deberías compartir con tu lista para construir confianza y preparar el terreno para posteriores promociones.

Tiempo estimado: **10-15 min.**

Antes de comenzar: abre algunos blogs de tu competencia y ten a mano lápiz y papel para tomar notas.

Hay MUCHA información en esta lección.

El contenido es la razón principal por la que tus suscriptores se registran a tu lista.

Claro está, que los productos que les ofrezcas tienen la intención de generarte una ganancia.
Y confío en que estarás promoviendo sólo productos de excelente calidad para ayudar a tus suscriptores

Pero no se registraron para comprar un montón de productos.

¡Lo hicieron para aprender más sobre tu nicho!

Proveer contenido de valor puede hacer la diferencia entre mantener tu lista con vida o ir perdiendo suscriptores.

Ponte en los zapatos de tus clientes.

Si quieres perder peso y te registras a un boletín que promete darte tips para perder peso, eso es exactamente lo que esperas como resultado final.

Si ves que lo que recibes diariamente no es otra cosa que ofertas de afiliado por las que tendrás que pagar, muy seguramente te darás de baja de esa lista.

Por el contrario, si has recibido contenido **extremadamente valioso** que ha causado que tu corazón se emocione cada vez que ve un correo ¿te importaría una promoción de vez en cuando?

En realidad, estarías complacido de confiar en la recomendación de esa persona.

Esa es la razón, el "por qué" detrás de enviar correos con alto valor de contenido.

Hablemos ahora del "**qué**" y del "**cómo**"

Aquí te muestro algunos ejemplos de los correos de contenido que puedes enviar para crear un sentido de valor y establecer credibilidad con tus lectores.

1.   Correos tipo boletín.

Este es el pan de todos los días de los marketeros.

Estás enviando contenido a tu nicho muy directamente.

La forma más efectiva de hacerlo es **mantenerlo simple**.

No uses ningún formato exagerado. No incluyas fotos. Simple texto.

Si eres un novato en esto del Email Marketing, esta es la forma en que deberías comenzar...

Escribe una serie de boletines (o contrata a alguien que lo haga por ti).

Pueden ser sobre cualquier tema que consideres le interesa a tu audiencia.

Eventualmente, puedes pulir tus correos y agregar texto de color o fotografías.

Por ahora, estos textos simples son tu mejor forma de comenzar.

Le servirán de prueba a tus suscriptores de que estás entregando lo que prometiste, información valiosa y útil.

2. Correos de tus publicaciones en el Blog.

¿Tienes un blog?

Deberías considerar tener uno.

Dirigir a tus suscriptores hacia las publicaciones de tu blog, es una excelente forma de proveerles de contenido de valor.

Al enviarlos a tu blog encontrarán variedad de contenido:

- Puedes enviarlos a un artículo que consideraste demasiado largo para enviar un correo.

- Puedes enviarlos a un vídeo.

-   Puedes enviarlos a revisar una infografía, foto o alguna frase.

-   Puedes enviarlos prácticamente a cualquier cosa que publiques en tu blog.

Estos correos contienen un "señuelo", información básica sobre lo que trata la publicación de tu blog.

Esto es para abrirles el apetito y crear interés.

Por supuesto tiene que ser informativo e interesante para ellos.

Este es un ejemplo:

Digamos que estás en el nicho del fitness. Y que los envías a un artículo llamado: "Cómo perder 5 kilos en 2 semanas"

Tu artículo tiene que explicar, detalladamente, exactamente cómo le hiciste para lograrlo.

Qué comiste, o qué NO comiste, cuánto ejercicio hiciste qué tipo de ejercicio fue, etc.

De hecho, puedes hacer una serie de 14 artículos para ir describiendo lo que hiciste en cada día.

Eso te permitirá crear 14 piezas de contenido para enviarle a tu lista, cada uno con un señuelo para ese día en particular.

Aquí te comparto algunos tips para compartir contenido de tu blog:

a) **Mantén el artículo enfocado y hazlo interesante.**

b) **Pídeles que le den "me gusta" y lo compartan.**

c) **Pídeles que te den ideas para futuros artículos.**

Pedirles que comenten es muy importante.

Te da la oportunidad de mostrar tu experiencia al establecer relaciones con tus clientes.

Y cuando les pidas que compartan en las redes sociales como Facebook, Twitter, etc. tu blog ayudará para correr la voz sobre tu contenido.

¡Esa es publicidad GRATUITA para ti!

En un correo que le hice llegar a mi lista donde les invitaba a leer mi blog, el contenido es sólo texto.

No utilicé ninguna plantilla ni fotografías, etc. ¡¡Y obtuve un CTR muy bueno!!

Aun cuando se trate de puro contenido, utilizo el rastreador.

Me dice cuántos de mis lectores están interesados en leerme.

Y esa información es ORO para mí pues me permite identificar qué ofertas les pueden interesar también.

Como te dije al inicio, estas lecciones vienen CARGADAS de información de valor, que fácilmente cualquier otro marketero te estaría cobrando 5 veces más.

Así que, estudia bien lo que acabas de aprender, en la siguiente lección te hablaré de los Correos de Contenido de OTROS, así es.

Si en algún momento tu creatividad no está en su máximo, puedes apoyarte del contenido que ofrecen terceras personas **de manera ética y totalmente profesional.**

3.7 Correos de Contenido 2

Como te comenté en la lección anterior, te quiero mostrar cómo utilizar contenido de otras personas para apoyar tu negocio.

Correos sobre el Contenido de Otros

No tienes que crear cada pieza de contenido que le envíes a tu lista.

Puedes extraer lo más relevante del contenido de otros, ya sea un video que te resultó interesante o incluso material de tu competencia.

No te preocupes, hay un método para hacerlo.

Enviarle contenido de otros a tu lista tiene 2 propósitos:

1. Credibilidad

El hecho de que seas capaz de enviarle a tu lista contenido de otro autor y mostrar algo más que tu propia página, habla bien de ti.

Les muestra que, en verdad, te interesa ofrecerles calidad y valor.

Es una manera de incentivarles a registrarse a tu boletín.

2. Haciendo amigos para el futuro.

Enviar contenido de otros representa que no eres

egoísta.

Habla con tu competidor antes de enviarle tráfico y ve si puedes llegar a un acuerdo con él/ella.

Un intercambio de información puede funcionar para ambos.

Esta es la mejor forma de hacer intercambio de tráfico.

Es un acuerdo de GANAR-GANAR

Correos de contenido de este tipo, también construyen credibilidad sobre alguna oferta de afiliado que planees promover.
De modo que cuando llegue el momento y estés listo para enviar un correo de venta con un enlace de afiliado, tu cliente se sentirá cómodo.

Este es un ejemplo de este tipo de correo:

ASUNTO: ¿Oye...estás pasando un mal rato? [Tienes que VERLO]

Muchos de nosotros tenemos momentos difíciles.
Aún y cuando tenemos éxito, también podemos experimentar altibajos. He estado ahí varias veces.

Esta semana asistí a un webinario que es EXTRAORDINARIO.
Puedes ver la repetición, créeme que vale la pena.

Aprenderás:

->Cómo recuperarte rápidamente de cualquier

dificultad.

-> *Cómo controlar tu subconsciente.*

-> *Cómo convertir el reto en un éxito, instantáneamente.*

Lo verás por ti mismo en este WEBINARIO, confía en mí...

--> Retransmisión GRATIS durante el fin de semana <--

Conoce los 3 Pasos para liberarte de cualquier preocupación INSTANTÁNEAMENTE.

No esperes más, ve el video ¡AHORA!

Sólo durante el fin de semana, ¡no te lo pierdas!!

Como puedes ver, sólo les recomendé algo que a mí me ayudó.

También están los **Webinarios** y **Tele seminarios**.

<u>Un tele seminario es una llamada en conferencia.</u>

Tus suscriptores marcan y tú puedes conversar con ellos sobre algún tema de interés de tu nicho.
Les puedes enseñar, explicar cómo hacer algo, o incluso entrevistar a algún experto.

Los servicios como FreeConference.com te permiten ofrecer una conferencia telefónica GRATIS, y puedes grabarla por una pequeña cuota.

<u>Un webinario es una conferencia en línea donde la gente puede ver la pantalla de tu computadora.</u>

Les avisas a tus suscriptores el día y la hora del webinario en el que hablarás de "X" tema.

Y para ello, les muestras una presentación o les das una guía paso a paso, mientras muestras el proceso en pantalla o utilizas imágenes de tu pantalla para explicarles algo.

Pueden también enviarte comentarios y hacerte preguntas durante la sesión a través del chat.

Mientras que un webinario es un poco más complicado que una teleconferencia, no es difícil de configurar.

Yo he realizado webinarios con GoToWebinar por años. Puedes incluso grabar la sesión y enviarla posteriormente a tu lista 8más contenido de valor).

Este es el por qué las teleconferencias y webinarios aumentan la lealtad de tus suscriptores:

a) **Estás Creando VALOR.**

Los webinarios te permiten ofrecer a tus suscriptores información importante GRATIS.

Es similar a un artículo en tu blog, excepto que no tienen que leer.

Cuando compartes un audio completo o un video con ellos, sin costo alguno, obtienen un valor excepcional y todo ello, gracias a que forman parte de tu lista.

Esto puede ser razón suficiente para, no sólo abrir tus correos, sino para hacer click en los enlaces que envías en tus correos y seguir siendo tu suscriptor.

b) Credibilidad para tu marca.

Los webinarios también te dan la oportunidad de mostrarte.

Es tu oportunidad para permitir que te conozcan y aprecien tu interés en compartir tu conocimiento con ellos.

En una teleconferencia o webinario, puedes hablar libremente sobre tu nicho y posicionarte como experto.

Esto automáticamente incrementará tus ventas cuando promuevas alguna oferta.

Estarás probando que sabes de lo que estás hablando y te has establecido como autoridad.

Si no tienes aún la confianza de un orador profesional, contrata a alguien que sí la tenga y pídele que realice las sesiones por ti.

Tener a alguien que hable con convicción, una buena entonación y confianza es valiosísimo.

Puedes encontrar talento para esto en sitios como oDesk.com, eLance.com, incluso en Fiverr.com.

Sólo asegúrate de escucharlos primero en un demo.

c) Tienes que saber qué es lo que tus suscriptores quieren.

Los webinarios te permiten profundizar la relación con tu lista porque tu audiencia puede hacerte preguntas.

Cuando tienes esa interacción personal con ellos, comprenderás mucho mejor sus necesidades.

Esto te permite:

- Producir mejor contenido para ellos.
- Identificar qué tipo de productos serían relevantes para ellos.

Recapitulando:

- Gran contenido es la RAZÓN por la cual tus suscriptores se registran.

- El contenido GRATIS sin restricciones construye lealtad y te genera más CTR.

- Crear contenido de valor no tiene porqué ser difícil.

- Envía correos sencillos: artículos, tips, etc.

- Envíalos a tu blog para consumir contenido de valor.

- Envíalos hacia el contenido de otras personas para construir puentes.

- Organiza algunas teleconferencias y webinarios para que puedas variar la forma de entregar valor.

El Marketero inteligente sabe que...

Puede sonar ilógico, pero **entregar información valiosa GRATIS es la mejor manera de garantizar que generarás ganancias de tu lista e suscriptores.**

La información GRATUITA construye tu marca, tu credibilidad y confianza.

Los correos de contenido NO son una pérdida de tiempo.

El cliente que confía en tu marca y respeta tu experiencia estará MUCHO más confiado de comprarte no sólo una, sino múltiples ocasiones.

3.8 Correos de Relaciones

Vamos a poner manos a la obra para crear y fortalecer la relación con tu lista.

Te voy a explicar cómo hacer uso de los: **Correos de Relaciones.**

Objetivo: **Reforzar el vínculo con tu lista a través de correos de relaciones.**

Al terminar esta lección tendrás una mayor comprensión sobre cómo construir una relación estrecha y sólida con tu lista.

Tiempo estimado: **10-15 min.**

Los correos para construir la relación con tu audiencia son exactamente eso: **una forma de estrechar el vínculo entre tú y tus suscriptores.**

Piensa en esto por un momento...

¿Crees que los suscriptores comprarán con mayor facilidad si confían y conocen a quien les hace la oferta respecto a quien no se interesa por ellos?

La respuesta es muy obvia si piensas cómo actuarías tú en una situación similar.

Si un vendedor se acerca y te presiona, tratando de forzar la venta,

¿cuál es tu reacción?

Pero si el vendedor se toma el tiempo de presentarse, comparte contigo información valiosa y estrecha el vínculo de manera respetuosa.
¿Cómo reaccionarías en ese caso?

Por supuesto, la reacción es totalmente distinta.

Y es precisamente lo que quieres lograr con tu lista.

Quieres **compartir aspectos sobre ti mismo**, tus intereses, tu historia, y por qué estás en este negocio, incluso solamente compartir un punto de vista sobre la vida.

Esas "pequeñas cosas" agregan valor a la imagen que tienen de ti como una persona REAL.

Aquí te comparto los **6 tipos diferentes de correos para construir tu relación con tu lista**:

1. Vídeos

Esta es una excelente forma de mostrarte ante ellos.

Le pone CARA a quien está escribiendo los correos.

Tan sólo ser capaz de VERTE, es tan importante como lo que dices en él.

Al asociar a una persona REAL con las palabras que

les envías, tus suscriptores se sentirán más cómodos.

La gente suele comprar más, de quienes se muestran auténticos.

2. Envía información de Facebook/Twitter

Las redes sociales pueden ser un perfecto complemento para tu boletín.

Si te das una vuelta por mi página de Facebook, verás que muestra claramente qué es lo que me inspira y motiva.
Y le invita a la gente también a que le dé "me gusta" o publique algo en ella.

¿Puedes ver cómo se crea un canal de comunicación en dos sentidos?

El único truco está en posicionar tu perfil en redes sociales para que la gente se involucre.

Recuerda que actualmente ya siguen muchas otras marcas, dales razones para seguirte también.

El contenido EXCLUSIVO es la mejor forma de venderles la idea de que te agreguen a su círculo en las redes sociales.

Si puedes ofrecerles contenido adicional GRATIS a través de las redes sociales, TE SEGUIRÁN sin duda.

Un ejemplo de contenido exclusivo es un reporte gratuito para alguien que te sigue en Twitter.

Cuando envías un correo invitándoles a seguirte en las redes sociales, asegúrate de incluir contenido gratuito.

Recuerda, **la gente ADORA las cosas GRATIS.**

¿Qué te parece?

Sencillo, ¿verdad?

Lo único que debes hacer es **mantenerlo SIMPLE.**

En la próxima lección te daré otros dos tipos de **Correos de Relaciones** por ahora, dale una repasada a esta, que estoy seguro te dará ideas para aplicar de inmediato a tu negocio.

3.9 Correos de Relaciones 2

Como te comenté en la lección anterior, existen varios tipos de **Correos de Relaciones.**

Te presenté los dos primeros, vamos con los siguientes...

Otra forma que me ha dado EXCELENTES resultados es la conocida como:

3. Prueba Social

La Prueba Social te da el respaldo de otras personas.

Si a otra gente le gusta algo, probablemente a ti también.

Si otros validan tu opinión, eso te dará confianza.

Si otros confían en ti, muy seguramente puedes confiar en esa persona también.

Es importante que utilices la prueba social en tus correos.

Quieres que tus suscriptores vean que otras personas como ellos están teniendo resultados, al aplicar lo que tú enseñas y consumir el contenido que ofreces.

Esta es la forma de hacerlo:

- Incluye testimonios de personas con resultados, al aplicar tus consejos.

- Incluye enlaces hacia blogs en los que se discutan tus ideas de manera positiva.

- Incluye enlaces hacia revisiones positivas de los productos que promueves.

- Incluye enlaces a vídeos y fotos de personas que han tenido éxito gracias a lo que tú les enseñaste.

Recuerda que **mientras mayor sea el valor que agregues a tus ofertas cuando las compartas con tu lista, mayor será el impacto del valor que ofreces.**

La prueba social te ayuda a combatir el escepticismo.

Si pueden ver que personas reales comparten los beneficios alcanzados al adquirir lo que ofreces, estarán más dispuestos a invertir su tiempo y su dinero.

La prueba social del correo incluye:

- Una invitación a los lectores para que envíen sus historias de éxito (incluso les ofrece un regalo como agradecimiento).

- Un enlace hacia un foro muy conocido donde los lectores discuten sus resultados.

- Un enlace hacia un artículo de un blog, de quien obtuvo resultados asombrosos en los primeros 3 días de aplicar su método.

- Enlaces hacia páginas específicas que pueden mostrar evidencia de la efectividad de su método.

- La promesa de responder con más resultados.

- Y de manera muy astuta, termina con una breve promoción de su próximo producto.

Además de toda esa prueba social, ¿cómo resistirse a conocer las novedades que este marketero tiene?

4. Envía Lectores a tu blog

Te mencioné en la lección anterior, que **tener un blog es una excelente forma de distribuir contenido de valor a tu lista.**

Y es también una forma de construir relaciones con ella.

En tu blog, puedes compartir cosas del día a día para interactuar con tu audiencia directamente.

Tener un blog es como enviar un vídeo, les muestra que eres una persona REAL.

Como podrás darte cuenta, cada pieza del rompecabezas va encajando perfectamente, es decir, existen muchas formas en las cuales puedes fortalecer la relación con tu lista.

Dale vuelo a tu imaginación y comienza a crear valor y a compartir lo que sabes, créeme que la recompensa va mucho más allá de lo monetario.

3.10 Correos de Relaciones 3

En lecciones anteriores, te mencionaba que **las teleconferencias y webinarios son una excelente forma de entregar contenido.**

Y son también una manera de desarrollar la relación con tu nicho.

Una buena forma de hacer una teleconferencia o webinario es con una presentación y preguntas en vivo.

Si no te sientes cómodo hablando con la gente, puedes pedirles que envíen sus preguntas por correo antes del evento o a través del chat durante la sesión.

Aún mejor, puedes utilizar las redes sociales para motivarlos a twittear las preguntas durante la sesión en vivo.
Pueden generarte gran viralidad.

Tus suscriptores AMARÁN tener la oportunidad de preguntarte directamente algo y eso te da también una idea de **qué es lo que necesitan** y en consecuencia **qué ofertas hacerles llegar**.

5. Construcción de Relaciones a través de un Hangout

Los Hangouts de Google son mucho más interactivos que los webinarios.

Tal como un webinario, te permite hablarles directamente teniendo hasta 10 invitados en la conversación. (Aunque no te sugiero que lo hagas, es mejor con menos de 5 personas invitadas).

Puede ser una forma de saludar a tus suscriptores y recompensarlos por agregarte en redes sociales.

Lo que sí debes considerar, es que **tienes que estar SEGURO y mostrar confianza ante tu audiencia.**
Con un Hangout, abres el canal de comunicación en dos sentidos.

La gente es libre de preguntar e interrumpir en cualquier   momento, por lo que tendrás que **MANTENER el CONTROL de la conversación.**

Además, tienes que ser un EXPERTO en el tema, pues pueden surgir preguntas más difíciles.

Si no te sientes cómodo con lo que sabes de un tema, puede que no sea la mejor opción de comunicación con tu lista, por lo menos, no ahora.

Estas son las ventajas de hacerlo:

- **Tus clientes podrán conocerte en una vídeo conferencia.**

- **Puedes posicionarte como experto en un grupo pequeño.**

- **Permitirás que tu audiencia se sienta cómoda contigo.**

- **Es una excelente forma de construir la lealtad de tus suscriptores.**

Cuando envías un correo para un Hangout, hazles

saber que ¡solo los primeros en llegar (menos de 5 como te sugería) podrán estar interactuando contigo en vivo!

6. Más Constructores de Relaciones

Aquí te dejo más ideas para construir la relación con tu lista:

1. Haz Preguntas y Responde a ellas.

Motiva a tu lista a que te hagan preguntas. De vez en cuando envíales un correo con las respuestas.

2. Comparte correos de soporte.

Cada vez que resuelvas el problema de un cliente, en realidad estás creando contenido y generando interacción con tu lista.

Puede ser que otra persona tenga la misma situación, por lo que es muy buena idea que compartas la respuesta con tu lista.

Esto les hace ver que en verdad te interesa ayudarles y además significa que también la gente confiará más en ti.

3. Entrega a tus clientes contenido gratis de manera constante.

Hemos hablado ya sobre cuánto ama la gente

las cosas GRATIS.

Si constantemente les ofreces contenido de VALOR GRATIS, estarán pendientes de recibir noticias tuyas.

Envíales un enlace hacia un PDF gratuito, un vídeo, un audio, una infografía, etc.

Recapitulando:

- **Es importante desarrollar relaciones con tu lista.**

- **Envía contenido en video para que te conozcan.**

- **Envía información de Facebook/Twitter para que te sigan en redes sociales.**

- **Envía prueba social para mostrar el éxito de tus productos.**

- **Envía enlaces hacia tu blog.**

- **Utiliza Hangouts para reunirte con tus clientes y compartir tu experiencia.**

El Marketero inteligente sabe que...

<u>Construir relaciones con su audiencia es FUNDAMENTAL para hacer crecer su negocio.</u>

Sólo porque estás en línea, no significa que tengas que omitir este paso.

La gente quiere sabe con quién está tratando y sentirse apreciado.

Utilizando estas técnicas para construir tus relaciones, tus clientes confiarán en ti.

La gente que compra es gente que confía.

Estás a medio camino de los tipos de correos.

Los próximos 2 son los que directamente te ayudarán a monetizar tu lista. ($$$)

3.11 Correos de Promoción y Venta

Llegó el momento de trabajar tu lista para **MONETIZAR**.

Aprende cómo utilizar los **Correos de Venta/Promoción.**

Objetivo: **Aprender a crear buenos correos de venta.**

Al término de la lección, comprenderás los diferentes tipos de correos y cómo utilizarlos.

Tiempo estimado: **5-10 min.**

Antes de comenzar: **Ten a mano lo necesario para tomar notas.**
Esta parte es MUY importante, asegúrate de apuntar TODO.

Llegamos a la parte medular del curso.

La razón de ser de tu negocio de Email Marketing: **las VENTAS.**

Aquí es donde finalmente promoverás un producto.

Todos los correos anteriores prepararon nuestras listas para este momento.

Aquí es donde tienes que aprender a no saturar a tu lista con ofertas y promociones.

Recuerda: **En la mente de tus lectores tu papel es**

<u>proveerles de contenido de VALOR.</u>

Por lo que cuando te desvías de ese "tono" y les pides que compren algo, esperan que lo que les ofreces también sea IRRESISTIBLEMENTE BUENO.

Es por eso que DEBES asegurarte de vender los productos en los que tú personalmente CREES.

El Marketing Online tiene en ocasiones una mala reputación porque algunos marketeros eligen vender cualquier cosa.

Tú, por el contrario, **debes promover SÓLO los MEJORES productos con el MAYOR VALOR.**

Si vendes algo bueno, entonces escribir buenos correos se vuelve MUCHO más sencillo.

Con eso en mente, estas son algunas de las **técnicas más importantes al momento de escribir este tipo de correos:**

1. Tamaño

Hay dos tamaños principales: correos cortos o correos largos.

Se trata de variar el tamaño de tus correos y tratar de que coincidan con lo que se necesita para ofrecer el producto.

a) Correos Cortos

Este tipo de correo es muy simple y directo pues sólo ofrece información del producto y listo.

Son rápidos y cortos.
Cuando ofrezcas productos de bajo costo, estos correos resultan ideales.

Las cosas con gran valor y bajo costo, prácticamente se venden solas.

Tu trabajo consiste en:

- Avalar el producto que ofreces.

- Describir el producto.

- Explicar el valor del producto.

- VENDER.

b) Correos Largos

Este tipo de correos son los que requieren más tiempo en crearse.

Deben quedar reservados para los productos más grandes y costosos que promuevas.

Pueden ser programas completos, lecciones semanales o una gran cantidad de información.

Tu cliente deberá invertir una gran cantidad de dinero en ellos o bien, tener un gran compromiso para pagar alguna membresía y recibir las lecciones por semana.

Para estos correos, es bueno profundizar y explicar el producto a detalle y avalarlo con entusiasmo.

No querrás pedirles a tus clientes una gran inversión sin antes haberles dado toda la información sobre qué es lo que recibirán.

Ahora bien, recuerda que los webinarios y Hangouts son una excelente plataforma para generar ventas, sólo debes saber **CÓMO hacerlo**, que es justo el contenido de la siguiente lección.

3.12 Vendiendo a través de Webinarios

Una variante de tus webinarios de contenido podrían ser los **webinarios de venta**.

He desarrollado una técnica INFALIBLE para vender utilizando webinarios que la he llamado...
"El método de Dominación del Webinario"

Otra forma de promover con webinarios es con una entrevista a la persona creadora del producto.

Por ejemplo, si estás promoviendo un programa para crear músculo, cierra motivando a tus suscriptores a que utilicen tu enlace de afiliado para adquirir el producto.

Para la primera parte de la entrevista, infórmate bien sobre tu invitado.
Al final habla sobre todo lo que tu audiencia puede aprender con el curso.
Y finalmente, para terminar la entrevista, puedes pedirles que compren a través de tu enlace.

Estas entrevistas no son difíciles de agendar.

Cuando promueves el producto de alguien más, estarán encantados de cooperar.

La Variedad es FUNDAMENTAL.

La monotonía es el enemigo número 1 de los negocios de Email Marketing.

Esto es especialmente cierto para los correos de venta.

Si un correo llega a la bandeja de entrada de tu suscriptor

y piensa: "Mmmmh, otro correo de ventas de Heliosaki" tu CTR se desplomará y por lo tanto, tus ganancias.

Por lo que tienes que asegurarte de que tengas variedad en tus correos de ventas y no te vuelvas predecible.

Hablaré más sobre este punto al final de la lección, pero ahora lo que quiero que hagas es:

- **Varía el tamaño de tus correos.**

Algunos cortos, otros largos. Otros muy muy cortos y otros no tanto.

- **Varía los tipos de correos.**

No envíes varios correos de venta seguidos.

- **Siempre mézclalos.**

Intercambia los 3 tipos de correos que has aprendido, Relaciones, promociones/ventas y contenido.

- **Deja a tus suscriptores con ganas de más información.**

Recapitulando:

- **Tus mensajes cortos deben ser reservados para ofertas de menor precio que no requieren mayor explicación.**

- **Los correos largos déjalos para los productos**

de mayor precio.

- Utiliza webinarios para ofrecer excelentes productos con el "Método de Dominación del Webinario".

El Marketero inteligente sabe que...

Los **correos de ventas** son aquellos que te generan ganancias, pero no son la única pieza del rompecabezas.

Cada parte de tu estrategia de email te acerca o te aleja de las ventas.

Recuerda que debes intercambiar los tipos de mensaje, variar para no aburrir a tu audiencia.

Necesitas tratar a tus clientes con el respeto que merecen y la calidad que esperan.

Dales el tipo de contenido que Tú esperarías consumir.

Mantén el interés, infórmalos y ofréceles productos de calidad que les beneficiarán.

Crea el tipo de negocio del que TÚ querrías comprar.

3.13 Correos para Promover Lanzamientos

Modestia aparte, con los años que llevo como marketero puedo decirte que sé cómo utilizar los **Correos para Promover Lanzamientos.**

Objetivo: Aprender cómo promover un lanzamiento utilizando tu lista y comprender cómo los 3 tipos de correo se complementan.

Al término de la lección tendrás una mayor comprensión de cómo promover el lanzamiento de un producto, propio o de alguien más, utilizando tu boletín.

Tiempo estimado: **10-15 min.**

Como siempre, prepárate para tomar notas.

Comencemos aclarando lo que es un lanzamiento:

Un Lanzamiento de Producto es el proceso de planeación para sacar un producto al mercado en una fecha determinada.

Los lanzamientos son algo muy importante porque, si los llevas a cabo correctamente, puedes generar mucho dinero en ellos.

De hecho, al promoverlos eficientemente, un lanzamiento puede representar el éxito o fracaso de la venta de un producto.

YA sea que estés ofreciendo tu propio producto o el de

alguien más, los métodos son los mismos.

La clave para un buen lanzamiento está en crear ANTICIPACIÓN.

Querrás que tus clientes estén ansiosos por que llegue la fecha.
Cada correo deberá emocionarlos más.

Para cuando el producto se lance, deben estar listos para comprar el producto que tanto han estado esperando.

Suele suceder que el despliegue publicitario es mayor que el producto en sí mismo.

Ese nuevo Smartphone puede tan sólo ser un poco más pequeño que la versión anterior, pero para los miles de personas que están en la fila listos para comprar, es EL MEJOR teléfono que podrían comprar.

Sólo observa cómo Apple lanza sus nuevas versiones tan exitosamente.

Así que, ¿cómo realizas esta publicidad correctamente?
¿Cómo te aseguras de ser el vendedor al que le quieran comprar?

La duración y profundidad de la publicidad que quieras hacer depende de ti.

La idea es comenzar con algo pequeño, con un señuelo solamente.

Hazles saber a tus lectores que algo GRANDIOSO se aproxima y que les estarás enviando más información al respecto.

Edificar al creador del producto ante tu audiencia, quien

además es un experto en su área, es vital.

Hasta este punto, puedes comenzar a enviarles datos de los proyectos anteriores del creador o información gratuita relacionada con el tema

Para hacerlo más simple, digamos que estás en el nicho de la salud y estás hablando de un gurú que está por lanzar un libro de los 10 súper alimentos y cómo pueden cambiar tu vida.

El libro quizá contenga muchos conocimientos sobre los súper alimentos, pero para tu cliente, este libro DEBE SER EL MEJOR.

Puedes comenzar a vincular a tu lector con algunas publicaciones del autor, aquellas que consideres agreguen más valor y beneficio.

Una vez que se lance el libro, sabrán exactamente porqué es valioso adquirir esa información y además estarán ansiosos por conseguirlo.

¿Por qué deben comprarte directamente a ti?

Ahora que están deseosos de adquirir el producto que se va a lanzar, necesitan una buena RAZÓN para comprarte a ti y no a cualquier otro afiliado.

Por supuesto, algunos te serán leales. Ya que les presentaste al gurú y les has enviado mucho valor a lo largo de este tiempo.

Esto sin duda sucede con algunos de tus lectores, pero no con todos.

Necesitas incentivarlos, ofrecerles una RAZÓN para que te compren.

Es en este punto donde comenzarás a construir valor para el producto más allá del producto.

Sigamos con el ejemplo anterior de los súper alimentos.

Conocen algo sobre el autor, han leído su trabajo pues les has seleccionado las mejores piezas de contenido para informarles apropiadamente.

El libro ya está a la venta, ¿por qué te compraría a ti?

La respuesta es que **siempre querrán MÁS de lo que unos ofrecen.**

En esta parte es donde tendrás que hacer un esfuerzo EXTRA.

Ofrece BONOS Irresistibles.

Con su compra a través de ti y SÓLO a través de tu enlace, recibirán x, y, z. Puedes ofrecer cualquier cosa que agregue valor a la oferta.

Por ejemplo, si compran el libro sobre los súper alimentos, agregarás un bono adicional de un Reporte GRATIS con los 5 súper alimentos principales que no puedes dejar de comer, junto con un recetario que incluye los 15 súper alimentos que en combinación (libro + reporte) obtendrán.

Insuperable, ¿cierto?

¡Terminarán obteniendo el libro y DOS productos ADICIONALES por el mismo precio!

¿Por qué no habrían de comprarte a ti en lugar de a otro?

Recapitulando:

1. Crea Anticipación.

2. Comparte pequeñas pistas de información sobre el producto y su creador.

3. Envíales muestras de lo que ha hecho con anterioridad el creador.

4. Crea contenido adicional y agrega valor para que te compren a ti.

Es momento de ensuciarte las manos, te voy a dejar TAREA:

- Elige algunos productos de afiliados de tu nicho.

- Imagina que se trata de un lanzamiento.

- Diseña una estrategia para crear anticipación sobre el producto.

- Crea valor agregado para ofrecer como BONOS.

El Marketero inteligente sabe que...

A veces no se trata sólo de vender el producto, sino de crear expectativa y anticipación a su alrededor.

Crear la necesidad de adquirirlo.

Ofrecer pequeñas piezas de información para ir creando interés en tu audiencia poco a poco.

Será como resolver un misterio o un rompecabezas del que van encontrando las piezas una a una. Esto creará intriga y emoción.

Finalmente, dales una razón para que te quieran comprar a ti y sólo a ti.

La gente ama la anticipación.

¡Véndeles anticipación y un GRAN producto!

3.14 Escribe tus primeros 7 correos

Seguramente estás tan emocionado como yo, pues hemos llegado al punto en el que comenzarás a construir tu lista y la relación con ella.

Manos a la obra entonces.

Escribe tus primeros 7 correos y cárgalos.

Objetivo: Aplicar todo lo que has aprendido en este paso y escribir tu primer semana de seguimiento.

Al término de esta lección, tendrás 7 correos que podrás cargar en tu autorespondedor y enviar a tu lista.

Tiempo estimado: **30-40 min.**

Antes de comenzar: **Abre tu cuenta de Autorespondedor.**
Si aún no tienes una, abre un documento de texto.

Recuerda, **¡necesitas escribirles TODOS LOS DÍAS!**

Así que, vamos a crear una secuencia de correos para que la reciban la primera semana después de haberse registrado en tu lista.

Mientras lo haces, recuerda las 3 reglas de las que te hablé en la primera parte de esta lección:

- **Escríbeles DIARIO.**
- **Envíales diferentes tipos de correos.**

- **Agrega VALOR.**

Y por último, algunos puntos críticos:

- Dales VARIEDAD.

- Varía el tamaño de tus correos.

Si continúas publicando un correo del mismo tamaño una y otra vez, eventualmente se volverá monótono: Monótono es aburrido y lo MENOS que quieres es que tus suscriptores se aburran con tus correos.

Esto no sólo aplica para tus correos de ventas, sino para TODOS tus mensajes.

- Varía el tamaño.

Algunos días escribe unas cuantas líneas y envíales un enlace hacia tu blog.
Otros, envíales un artículo completo.

Y SIEMPRE asegúrate de cambiar el tamaño de tus correos de ventas.
Si no quieres que tus promociones se vuelvan predecibles, porque, <u>si tu lista está bostezando, NO TENDRÁS GANANCIAS.</u>

- Cambia el TIPO de Correos.

Recuerda combinar estos tres tipos de correos:

a) Construcción de Relaciones con tu lista.
b) Contenido.
c) Ventas.

Por supuesto que, ocasionalmente, promoverás algún lanzamiento con un seguimiento especial.

Pero aun durante el lanzamiento, necesitarás cambiar los tipos de correos que envías.

Puedes enviar un correo de contenido a mitad del lanzamiento. Y si el contenido está relacionado con el tema del lanzamiento, mucho mejor.

La meta es que tengas equilibrio, siempre variando el tamaño y contenido de tus correos.

Quieres mantener a tus suscriptores entretenidos y emocionados cada vez que reciban tu boletín.
¡ABURRIDOS NUNCA!

Títulos Poderosos en 1 Minuto.

Muchos marketeros se paralizan cuando tratan de escribir un título.

Yo te comparto un Tip que me ayuda mucho siempre:

Si te lleva más de un minuto escribir un título, detente. Escribe el correo primero y después, regresa a escribir el título.

Esto siempre me funciona.

También deberías saber que **todos los Servicios Proveedores de Internet tienen filtros anti-spam que bloquean los correos "basura".**

Si piensas un poco, **las características de un correo basura son:**

- Signos de puntuación excesivos (más de un signo "¡¡¡")
- Muchos signos de dólar ($$$)
- Frases como "Ganar Dinero"
- TODAS LAS MAYÚSCULAS.

Posteriormente te daré una lista de las reglas que sigo para evitar esos filtros anti-spam.

Pero, honestamente, no tienes que preocuparte, pues dentro de tu autorespondedor tienes ya una herramienta que se llama: "verificador de spam".

¡A Escribir!

No quiero que este ejercicio te sea difícil, porque no tiene porqué serlo.

Así que, dejemos todo muy sencillo:

Vas a escribir tan sólo siete correos.

Y te diré incluso de qué tipo tienen que ser.

Lo que quiero que hagas antes de comenzar es colocar la alarma de tu reloj en media hora.

Así es, ¡quiero que escribas rápido!

Créeme, esta es la MEJOR manera de aprender a ser un verdadero Email Marketer.

Al darte tiempo determinado, estarás aprendiendo a relajarte de manera natural.

No te compliques. Si cometes algunos errores de ortografía o tu redacción no es perfecta, no importa. Podrás corregirlos después.

El punto es que crees tu primer seguimiento de 7 correos.

NOTA: Hay quienes se paralizan cuando comienzan con una página en blanco.

Si es tu caso, intenta escribir a mano. No sólo te sentirás más libre, sino que probablemente tu correo resulte más corto y natural, con tu propio estilo.

Escribe estos Correos AHORA .

¿Listo? ¿Fijaste tu alarma?

- **Correo 1: Un Correo de contenido.**

Escribe un simple texto sobre cualquier tema que te interese o interese a tus suscriptores.

- **Correo 2: Otro correo de contenido**, esta vez, colocarás un enlace que los lleve hacia algún lado.

Por ejemplo:

"Acabo de leer un artículo sobre el poder de los jugos.

El autor es YZ un médico reconocido de la Clínica XZY.

Siempre he sabido que los jugos son poderosos desintoxicantes, pero no tenía idea de que también nos benefician en "esto y esto otro".

Revisa el artículo completo aquí.....enlace"

(NOTA: cuando estás escribiendo, asegúrate de

configurar tu enlace con el plugin que te di para rastrearlo).

- **Correo 3: Un correo de contenido/relaciones.**

Aunque ofrezcas más contenido de valor o que envíes un correo para crear relaciones con tu lista.

Por ejemplo, envía un enlace sobre el vídeo que publicaste en tu página de fans.

Puedes invitarlos a que publiquen sus preguntas.

- **Correo 4: Un correo de venta.**

Ofréceles un producto. (No te olvides de agregar el enlace de rastreo).
- **Correo 5: Otro correo de contenido que tú consideres valioso.**

- **Correo 6: Un correo de relaciones.**

- **Correo 7: Un correo de promoción con su enlace de rastreo.**

Observa que no hay correos promoviendo un lanzamiento.

Hay 2 razones para ello:

a) Puede ser que no haya ningún lanzamiento en ese momento en tu nicho.

b) Dejarás cargados estos correos en tu Autorespondedor para su posterior envío.

Un lanzamiento siempre tiene un plazo determinado,

por lo que no puedes automatizar esos correos.

Para un lanzamiento, tienes que enviar los correos en tiempo real.

¡Adelante, fija tu alarma y escribe esos correos AHORA!

Último Paso MUY IMPORTANTE...

Cuando termines:

1. Revisa tus correos y corrige si es necesario.

2. Agrega tus enlaces de rastreo, **ESTO ES OBLIGATORIO.**

3. Carga los correos a tu Autorespondedor.

4. Crea una secuencia desde el día 1 al 7.

Puedes revisar el Paso 4 si olvidaste cómo hacerlo.

El Marketero inteligente sabe que...

- No hay porqué preocuparse si te cuesta trabajo escribir sus correos.
- No TIENES que ser un escritor profesional para ser un email marketer.
- Tan sólo escribe como si le estuvieras hablando a tus suscriptores para comenzar.
- Mejorarás tus habilidades con el tiempo.

Ahora que sabes qué tipos de correos enviar a tu lista, junto con la frecuencia para hacerlo, es momento de pasar a la parte más emocionante:

"Ganar DINERO"

Eso es de lo que vamos a hablar en el siguiente paso: Monetización

MÓDULO 4: "MONETIZACIÓN"

4.1 Monetización

Como mencioné anteriormente en el paso 1, deberías ganar aproximadamente 1 dólar por suscriptor al mes.

Eso significa que si tienes una lista de 5 mil personas, podrás generar 5k por mes aproximadamente.

La generación de esa ganancia es lo que conocemos como: Monetización.

La clave para monetizar es promover ofertas que sean relevantes para tu audiencia.

Por lo que en este paso veremos:

Estadísticas y Tácticas para Incrementar tus Ganancias.

Objetivo: Aprender las 3 Estadísticas principales que te ayudarán a obtener el mayor beneficio de tus promociones.

Al terminar esta lección estarás listo para monetizar al máximo.

Tiempo estimado: **15-20 min.**

Antes de comenzar: **Necesitarás tu navegador abierto para completar el ejercicio del final.**

En este paso vamos a aprender cómo monetizar tu lista con ofertas de afiliados (comisiones, CPA y CPL) y al promover tus propios productos.

Pero primero, quiero que hablemos de las **3 estadísticas y tácticas que potencializarán la monetización de tu lista al máximo.**

1. Revisa tus GPC (Ganancias por Click) GPC = Ganancias por Click.

Es la cantidad que puedes esperar ganar, cada vez que alguien hace click en los enlaces de tus correos.

Cuando estás promoviendo cualquier tipo de oferta, el GPC es ESENCIAL

Muchos vendedores colocarán el GPC en sus ofertas en OfferVault y en otras redes.

Y prácticamente todos compartirán este número contigo si se los pides.

Con cualquier oferta que promuevas, **TIENES QUE CONOCER TU GPC.**

Pero esto es aún MÁS importante:

Cuando ofrezcas un producto a tu lista, es VITAL que rastrees el GPC por ti mismo.

Sin importar cómo convierta determinada oferta para alguien más, lo que en realidad importa es lo bien que convierte para TI.

Esta es la principal razón por la que te insisto en el uso del plugin para rastrear los clicks.

Mientras mejor conozcas qué es lo que tus lectores quieren comprar, mayor ganancia obtendrás.

¿Cuántas veces hizo click en tus enlaces tu lista de suscriptores?

¿Cuánto dinero ganaste en comisiones totales?

Si conoces esos dos datos, calcular las ganancias por click de TUS PROMOCIONES es fácil.

GPC = ganancias/clicks

Muchas cosas afectan el GPC. Algunas de ellas son:

-    El porcentaje de suscriptores que hacen click en tus enlaces y COMPRAN.

-    El precio de la oferta.

-    Si ofreces o no Bonos.

-    El número de reembolsos.

Pero cuando todo lo que te he dicho está identificado, si envías una oferta que tiene un alto GPC ¡es un GANADOR!

Promueve esa oferta a tu lista (siendo respetuoso, claro está).

2. Envía ofertas VARIAS VECES.

No temas enviar varios correos con la misma oferta.

Mientras tu GPC sea elevado, promueve sin miedo.

Hay veces en que puedes promover la misma oferta 3 días seguidos, después, ofrécela de nuevo un mes después ya que convirtió muy bien.

Y no tiene por qué afectarte.

De hecho, seguirá teniendo un alto GPC.

Si piensas un poco, tiene sentido:

- **La gente necesita cambio.**

No todas las personas de tu lista necesitan el producto HOY.

Al promover una oferta que es popular nuevamente, le das oportunidad a esas personas de comprarla después, cuando estén listos.

- **La gente pierde la atención.**

Por varias razones, algunos lectores simplemente no se dieron cuenta de la oferta que les ofreciste primero.

Al enviarles una nueva promoción de la misma oferta podrán comprar.

- **Gente nueva se unirá a tu lista todo el tiempo.**

Necesitas ofrecer la oportunidad también a los nuevos suscriptores.

Asegúrate de que estas decisiones están basadas en números.

A veces REALMENTE te gusta el producto o te agrada el marketero que lo creó.

Pero **un marketero exitoso respeta las estadísticas y aprende de ellas.**

Si los números muestran que tu lista tiene muy poco interés en la oferta, no la envíes de nuevo.

Por el contrario, si tu lista respondió muy bien, entonces podrás reenviar la oferta al poco tiempo.

Se trata de tomar decisiones inteligentes en tu negocio.

Mientras más atención le pongas a los números, y más conozcas a tu lista, mejores decisiones tomarás.

4.2 El Arte del Modelado

Te voy a regalar un Tip que me ha ayudado mucho, se trata de **"espiar a los gurús".**

Así es, el arte del Modelado:

Regístrate a las listas de los líderes en tu nicho y observa sus promociones.

Una de las mejores formas de elegir las mejores ofertas para promover, es observar qué está funcionando para otros en tu nicho.

Si alguien más en tu nicho está ganando dinero promoviendo determinada oferta, entonces tú también puedes hacerlo.

Presta atención a lo que los grandes vendedores están ofreciendo y promueve esas ofertas también.

Tu lista será distinta, pero probablemente tienen los mismos intereses básicos que el resto y comprarán productos similares.

Al poner atención a lo que otros ofrecen, tú puedes ganar dinero también.

Recapitulando:

- **GPC = Ganancias Por Click.**

- **GPC es un número VITAL y tienes que rastrearlo.**

- Pon atención al GPC de TU lista.

- Promueve sin miedo las ofertas con un alto GPC.

- No temas promover la misma oferta con un alto GPC varias veces.

- Promueve ofertas que tu competencia y los líderes promueven.

EJERCICIO

1. Abre la pestaña de Mercado de Clickbank.

2. Encuentra por lo menos 3 productos que la gente de tu nicho esté buscando.

3. Saca el EPC de esos productos.

4. Si no está visible, contacta al vendedor y pídele el dato.

5. (Esta es una excelente forma de iniciar una relación con el vendedor).

6. -Toma notas de estos productos y sus estadísticas.

El Marketero inteligente sabe que...

Como marketero, el mayor error que puedes cometer es no poner atención a tus números.

El número más importante que debes observar es tu GPC.
Te dice si tu lista está respondiendo al producto que le estás ofreciendo.

Si el número es alto, eso significa que ¡NECESITAS promover esa oferta sin dudar!

En la siguiente lección aprenderás cómo combinar la monetización y la construcción de relaciones, ¡vamos por ello!

4.3 Monetización y Construcción de Relaciones

Quiero compartir contigo, <u>cómo combinar de manera</u> <u>eficiente la monetización y la construcción de relaciones</u> <u>con tu lista.</u>

Objetivo: Comprender cómo las ofertas que promueves pueden construir la relación con tu lista.

Al término de esta lección, comprenderás los aspectos básicos de la monetización y podrás comenzar a aplicar estrategias avanzadas.

Tiempo estimado: **15 min.**

Antes de comenzar: **Necesitarás tu navegador para realizar el ejercicio.**

<u>**La monetización y construcción de relaciones con tu**</u> <u>**lista, van de la mano.**</u>

Recuerda cuando comenzaste el curso, te hablé de cómo un negocio de Email Marketing es un negocio de relaciones.

Mientras mejores sean esas relaciones, mejor será tu retorno.

La relación con tu lista no es diferente, en realidad, a la relación que tienes con tus amigos, familia, pareja o hijos.

Tiene un sustento psicológico.

Como publicista, la comunicación es la base de las

relaciones con tus suscriptores.

La comunicación ofrece dos cosas a tu audiencia:

a) **Contenido** (que es otra forma de decir: "información").

b) **Promociones** (grandes ofertas que los beneficien).

El Contenido Construye tu Autoridad... las Promociones te Generan DINERO.

Me he topado con muchos marketeros novatos que son tímidos para promover ofertas a su lista.

Se preocupan por cuánto van a vender o que tal vez puedan "ofender" a sus lectores al presionar con algunos productos.

Déjame aclarar este punto.

Los correos de promoción no son un asunto UNILATERAL.

Tus suscriptores reconocen que hay promociones que son benéficas para ambas partes.

Mientras ofrezcas VALOR en tus promociones, tus suscriptores responderán favorablemente a ellas.

Sabrás cuánto les gustan tus ofertas, conociendo CÓMO CONVIERTEN.

Esta es la razón por la que el rastreo de enlaces, que ya te mencioné antes, es tan importante.

El rastreo de enlaces te permite ver con precisión láser, qué ofertas convierten mejor.

Cuando compran (o toman acción), te están diciendo "Me gusta esta oferta, gracias, envíame más".

Cuando un buen porcentaje de tus suscriptores compran lo que les ofreces, sabes que tienes un buen desempeño.

Monetizar de la FORMA Correcta.

Hay una forma de monetizar tu lista de manera efectiva.

La forma equivocada es enviando "correos basura" o SPAM con productos que, independientemente de la calidad, los envías sin parar y sin ofrecer contenido.

Tus suscriptores rápidamente se darán de baja.

O peor aún, te reportarán como SPAMMER.

La forma correcta de hacerlo es ofreciendo promociones dentro de un flujo constante de información de valor.

Si te preocupas por enviarles información de calidad, construirás relaciones con tu lista.
Y esto significa que prestarán atención a tus ofertas.

Puedes incluso, promover más agresivamente y responderán positivamente.

Todos los publicistas líderes, en línea o no, han aprendido el arte de la monetización.

Regístrate a alguno de ellos y recibirás contenido de calidad de manera abundante.

Cuando recibo un boletín, siempre reviso las promociones.

Y no es sólo porque estoy en el negocio del Email Marketing, sino porque, debo admitirlo, soy curioso y en verdad me interesa conocer sus recomendaciones.

Si sus recomendaciones de productos son de la calidad de la información que me envían estoy listo para comprar.

Como marketero, necesitas crear esa misma mentalidad en tus suscriptores.

La clave está en monetizar con ofertas que interesen a tu audiencia.

¿Cómo conseguirlo? ...

La respuesta la descubrirás en la siguiente lección.

4.4 Tres Condiciones Críticas para Elegir una Oferta

Cuando se trata de seleccionar la Mejor Oferta, hay 3 aspectos que debes considerar SIEMPRE:

1. ¿La oferta es RELEVANTE?

Cada oferta que envíes TIENE que ser relevante.

Eso significa que les interesa.

Tiene que prometer causar un impacto positivo inmediato y un impacto directo en el contexto del boletín.

Por ejemplo, si tu boletín habla sobre la dieta anti-edad, ejercicio y estilo de vida para la mujer joven ¿hay mucha probabilidad de que estén interesadas también en un ebook sobre cómo crear más masa muscular?

Aunque es un tema de salud, en realidad creo que, como mujeres, estarían más interesadas en tips para bajar de peso.

Detalles así pueden disminuir la respuesta de tu audiencia.

Por el contrario, el plan intenso de creación de masa muscular sería perfecto para una audiencia varonil con unos 20 años de edad aproximadamente.

Ponte en los zapatos de tu suscriptor y pregúntate ¿tiene sentido para mí esta oferta?

2. ¿Cómo es de IRRESISTIBLE la oferta?

Las mejores ofertas son aquellas en las que los consumidores "perciben" como ESTUPENDA.

El valor que reciben EXCEDE sus expectativas y SIENTEN que rebasa el precio que pagaron.

La mejor manera de hacer esto es buscar ofertas que incluyan BONOS además del producto principal.

Muchos productos ya incluyen bonos como parte del paquete.
Incluso puedes agregar mayor valor, si creas un bono adicional por tu cuenta.

Crear tus propios bonos es más fácil cuando se trata de productos de información que cuando son productos físicos.

Por ejemplo, estás promoviendo un suplemento para quemar grasa que cuesta 45 $.
Tú ganas 10 $ por referir un nuevo cliente + un 30% de su primera orden, "Un potencializador natural y efectivo", es un producto perfecto para tu lista.

Pero ¿sabes qué lo haría más irresistible aún?

Un reporte GRATIS sobre los 10 Mejores Suplementos y un recetario con 100 recetas para bajar de peso.

Esos dos bonos complementan la oferta inicial del suplemento volviéndola 10 veces más poderosa.

Y así de rápido tienes una oferta IRRESISTIBLE.

Es tan sólo un ejemplo de cómo mejorar las ofertas.

Conforme tu lista crece y tú ofrezcas más y más bonos exclusivos, algo interesante sucede psicológicamente, **tus** suscriptores asociarán ser parte de tu lista con obtener **MÁS de ti que de nadie más.**

Sentirán que están recibiendo más, MUCHO MÁS por NADA, tan sólo ser parte de tu lista.

Esto es lo que construye una lealtad de por vida.

> 3. ¿Con qué rapidez tengo acceso a mi compra?

La gente AMA la gratificación instantánea.

Cuando realmente quieren algo, lo quieren ¡YA!

Construir anticipación es tarea del marketing.

Pero las ofertas más exitosas para Email Marketing, permiten que la gente compre y obtenga lo que compró INMEDIATAMENTE.

Piensa en nuestro propio comportamiento en línea.
¿Cuánta paciencia tienes para completar un proceso de venta complicado?

Paypal es muy famoso porque muy pocos de nosotros tenemos la paciencia para ingresar los datos de la tarjeta.
Si la gente es tan desesperada, esperar un par de días, hace que la oferta pierda fuerza.

Cualquier producto que ofrezca gratificación instantánea, acceso inmediato y/o resultados rápidos es ideal para tu negocio de Email Marketing.

Volvamos al ejemplo del boletín anti-edad.

Un producto como este, puede ser una excelente opción para tu audiencia:

- Tiene una carta de ventas muy larga. Pero está empacado con contenido REAL que te ofrece a detalle todo lo que incluye el producto.
- Debe convertir muy bien, porque además la gravedad que tiene es de 150.
- Y la gente debe estar leyendo hasta el final, pues hay un botón que dice: "Entonces, ¿qué hago ahora?"
- Cuando haces click en el botón, llegas a otra página de ventas larga.

Pero el marketing es muy inteligente. Enfatiza una y otra vez que no sólo obtendrás los beneficios que se describen sino que lo harás RÁPIDO.

Ya que el contenido le habla directamente a las necesidades del lector y le da gratificación instantánea, la gente está feliz de leer toda la carta de ventas.

Por lo tanto recuerda, **mientras menor sea el esfuerzo que tus suscriptores tengan que poner, MEJOR.**

Cuando estés buscando ofertas, siempre busca aquellas que sean sencillas de comprar y entreguen de inmediato.

Cuando combinas estos dos factores, enviar una oferta IRRESISTIBLE es garantía de una estrategia GANADORA.

Sólo recuerda, **las mejores ofertas para promover son aquellas que son relevantes para tu lista, agregan valor y pueden ser entregadas de inmediato.**

Este tipo de ofertas te generarán retorno rápidamente y tendrás un retorno en tu negocio muy pronto.

4.5 Dos Tipos de Promociones

Hay dos tipos "generales" de promociones que puedes ofrecer a tu lista.

La primera es: **encontrar ofertas que la gente haya creado y promuevas a tu lista como afiliado.**

Recuerda, ser el afiliado de alguien significa que estás vendiendo su producto y recibiendo un pago por una cantidad fija o un porcentaje de cada venta que hagas.

La segunda estrategia es: **crear tu propia oferta, promoverla a tu lista y hacer que otros la promuevan a sus listas.**

Para lograr una ganancia a largo plazo, tienes que hacer ambas.

Promover las ofertas de otras personas como afiliado es la forma más rápida de comenzar.

Estarás generando ganancias en DÍAS, una vez que comiences a promover.

De cualquier forma, necesitas tener tus propias ofertas.

¿Por qué?

Porque con ellas generarás mayores ganancias.

Cuando tienes tu propia oferta, otros marketeros se convertirán en tus afiliados y venderán por ti.

Eso significa que puedes tener acceso a otras listas lo que **incrementará DRAMÁTICAMENTE la cantidad de ganancias**

que generes.

Vamos a hablar sobre estos tipos de ofertas a detalle en este paso.

Recapitulando:

- Promover ofertas a tu lista es la clave para generar ganancias con el Email Marketing.

- No temas promover BUENAS ofertas a tu lista.

- Hay 3 criterios para una buena oferta:
  - Es relevante para tu lista.
  - Es una oferta Irresistible.
  - Es fácil beneficiarse con ella.

- Hay dos tipos de ofertas que puedes promover: tus propios productos o bien los de alguien más (oferta de afiliado).

EJERCICIO

1. Ve a Clickbank.

2. Encuentra dos productos con una alta gravedad en tu nicho.

3. Revisa la promoción que tienen de su oferta.

4. Determina si cumple los 3 criterios de una buena oferta.

El Marketero inteligente sabe que...

<u>**Vender NO es algo malo.**</u>
Después de todo, estás promoviendo BUENAS ofertas a tu lista, es un GANAR-GANAR.

Obtienen algo que beneficiará su vida y tú obtienes dinero por ayudarles.

Además, te permite ofrecerles un excelente boletín.

Mientras ofrezcas BUENAS ofertas, estarán agradecidos.

Ahora que tienes idea del enfoque general para monetizar tu lista, revisaremos estrategias específicas para promover ofertas de afiliados, que son los tipos más comunes de ofertas que ofrecerás a tu lista.

Seguimos avanzando...

4.6 Monetización con Programa de Afiliados

Objetivo: **Aprender cómo monetizar tu lista con ofertas de afiliados.**

Al concluir esta lección sabrás cómo monetizar tu lista con ofertas de afiliados.

Además, tendrás una lista de redes de afiliados en las que puedes encontrar ofertas.

Tiempo estimado: **15 min.**

Antes de comenzar: **Necesitarás tu navegador para hacer el ejercicio.**

¿Qué es el Marketing de Afiliados?

Como mencioné en la introducción, los programas de afiliados son una extraordinaria manera de monetizar tu lista.

Es el proceso de promover y vender los productos de alguien más y recibir una comisión por cada venta que realices.

Básicamente **hay dos formas de recibir ganancias por ser afiliado:**

1. <u>**Un porcentaje de Comisión:**</u> Cada vez que refieres una venta del producto de alguien más, obtienes un porcentaje de esa venta.

Este es el tipo más común de ofertas de afiliado que encontrarás en Clickbank.

Mientras más ventas hagas, más ganancias tendrás.

Lo único que debes recordar es que tus comisiones se ajustarán si hay reembolsos.

2. **Costo Por Acción (CPA)**: En lugar de darte un porcentaje, te pagan una determinada cantidad de dinero, 15 $ por ejemplo por cada persona que llene el formulario, o una cuota fija de 25 $ cada vez que hagas una venta de cualquier tipo.

Una ventaja de las ofertas CPA es que la mayoría no tiene reembolsos.

Y te estarás preguntando... Heliosaki...
¿Dónde encuentras este tipo de ofertas?

En un momento te diré qué sitios tienen la mayor cantidad de ofertas de afiliados.

Pero antes de que empieces a promover alguna, tienes que convertirte en un afiliado de alguno de esos programas.

Así es, tendrás que registrarte con la red de afiliados.

Si recuerdas, la red de afiliados es la compañía que administra las ofertas, rastrea las ventas y conversiones, se asegura de que las ventas sean legítimas y le paga a los afiliados.

Algunas redes de afiliados, como Clickbank, tan sólo te piden que crees una cuenta para poder promover alguna oferta de inmediato.

Pero otras, te piden realizar una aplicación que requiere ser aprobada antes de poder promover.

La mayor parte del tiempo sugiero que comiences con ofertas de Clickbank.

No es difícil y existen miles de ofertas (que si eliges el nicho correcto) la mayoría de los vendedores te ofrecen excelentes herramientas de promoción.

Muchos de ellos proveen contenido de valor que puedes enviar a tu lista, artículos y también correos de muestra, que puedes modificar y adecuar para enviarlos a tu lista.

De cualquier manera, y esto depende del nicho en que te encuentres, es conveniente que promuevas también ofertas de otros programas de afiliados además de Clickbank

Por ejemplo, si estás en el nicho del fitness, bebidas con proteínas, suplementos y aperitivos saludables, pueden ser excelentes ofertas, ya que este nicho siempre está buscando alimentos que mejoren su desempeño y salud.

Y **una vez que compran, suelen volver a hacerlo una y otra vez...**

Eso significa, flujo de efectivo para ti.

Sólo asegúrate de ser PROACTIVO.

Ahora, hablemos de dos de estos sitios.

Aunque yo, en realidad, te sugiero que realices una investigación por ti mismo.

En la siguiente lección te daré algunas opciones para comenzar.

4.7 Redes de Afiliados

Estas son algunas de las Redes de Afiliados con las que puedes comenzar a trabajar en tu N4H.

Clickbank

- **Es el lugar ideal para comenzar, pues es muy sencillo.**

- Tan sólo creas una cuenta y prácticamente puedes comenzar de inmediato.

- No tiene proceso de aprobación alguno.

- Las ofertas en Clickbank están basadas en el pago de una comisión.

- Cada vez que un producto de Clickbank se vende a través de tu enlace, tú recibes un porcentaje de esa venta.

- En Clickbank las comisiones van desde un 25% hasta un 75% por venta.

Commission Junction

- Este es otro excelente lugar para ubicar ofertas de afiliados.

- Son considerados por muchos, el más grande del mundo.

- En CJ encontrarás una gran cantidad de ofertas tanto CPA como por comisiones. Incluso puedes encontrar algunas ofertas CPL.

- En algunos nichos, puede ayudarte a ampliar tu abanico de ofertas para promover a tu lista.

Por ejemplo, si estás en el nicho que tiene que ver con e-commerce, CJ es un lugar para localizar servicios como hospedaje, oficinas virtuales, fax y correo de voz, imprentas y muchos otros servicios que un minorista requiere.

- Como Clickbank, CJ gestiona la parte administrativa por ti, rastrea clicks, procesa los pagos, etc.

- La ventaja de CJ es la cantidad de ofertas: hay miles de ellas.

- También representan a grandes compañías, especialmente minoristas que venden productos físicos.

- Sin embargo, tiene 2 desventajas:

- **Primera, tienes que aplicar para cada programa de manera individual.**

Con Clickbank puedes ofrecer cualquier oferta tan pronto abres una cuenta, mientras que en CJ necesitas aplicar para cada programa y esperar la aprobación.

- **Segunda, las comisiones de muchos de sus productos son bajas.**

Tienes que revisar las estadísticas con cuidado, no querrás perder el tiempo aplicando a programas que te pagan muy poco.

OfferVault.

Ya te hablé de OfferVault antes en el Paso 1.

Es un lugar extraordinario para encontrar diferentes tipos de ofertas desde CPL, hasta CPA y productos físicos.
Incluso agregan vendedores de Clickbank a sus listas.

Socios de Amazon.

¿Sabías que Amazon tiene programa de afiliados?

Así es, puedes ser afiliado de cada producto que se vende en Amazon.

Una razón para considerar esto muy útil es que cuando recomiendas un libro a tu lista, puedes enviarles un enlace de afiliado y compran, puedes generar una comisión por esa venta.

Sin embargo, hay un problema con los Asociados de Amazon, y es la razón por la que no te recomiendo.

El primer problema es que las comisiones son mínimas.

El máximo es 10% por venta.

Y la mayoría de las comisiones son menores, comparadas con Clickbank, que te ofrece entre un 25 y un 75% de cada venta.

Además, Amazon no acepta afiliados que estén en algunos estados de Estados Unidos.

Esto es porque algunos estados cobran un impuesto adicional.

Algunos otros Programas de Afiliados que puedes revisar:

- MyCommerce.
- LinkShare.
- Share a Sale.

Recapitulando:

- Promover ofertas de afiliados, es una excelente manera de monetizar tu lista.
- Hay diferentes tipos de ofertas de afiliado como CPA/CPL.
- Algunas redes requieren que llenes una aplicación y te aprueben antes de   promover.

EJERCICIO

- El propósito de este ejercicio es que amplíes tus horizontes y conozcas más redes de afiliados.

- Revisa la lista que te di.

- Cuando llegues a un sitio, revisa la pestaña de "Acerca de" y revisa si tiene programa de afiliados.

- Repite estos pasos con 2 o más redes.

- Si tienes tu página de captura configurada, aplica por algunos de estos programas, en particular las ofertas CPL.
Sé proactivo y llama para darle celeridad a tu aprobación.

El Marketero inteligente sabe que...

La forma más fácil para comenzar a ganar dinero online es promoviendo ofertas de afiliados.

Conoce las redes de afiliados y aplica para formar parte de ellas.
Estas acciones valdrán la pena.

Las ofertas de afiliados son las más comunes, pero en algún punto, necesitarás ofrecer tus propios productos.

4.8 Ofreciendo Tus Propios Productos

Puede parecer un sueño si estás comenzando, pero <u>el hecho de promover tus propios productos es</u> sin duda, <u>la mejor manera de obtener el mayor retorno de tu inversión</u>, ahora verás porqué...

Objetivo: **Aprender cómo monetizar tu lista con tus propios productos.**

Al término de la lección, tendrás una mayor comprensión de cómo monetizar tu lista con productos propios y tendrás también una lista de ideas de las ofertas que puedes crear para tu nicho.

Tiempo estimado: **15-20 min.**

Antes de comenzar: **Necesitarás tu lápiz y papel para tus notas y poder realizar el ejercicio del final.**

Ya aprendiste cómo promover ofertas de afiliado a tu lista.

<u>**Productos de Afiliado = productos de otras personas.**</u>

Las ofertas de afiliados son geniales y si eliges apropiadamente, tu lista te lo agradecerá.

Pero, aún y cuando las ofertas de otros son maravillosas, hay algo aún mejor.

Promover tus propios productos.

Esta es la razón por la que es muy importante:

Podrás ganar cada vez que un afiliado tuyo genere una venta.

Así es, promover tus propias ofertas le da a OTRAS PERSONAS la habilidad de ser tus afiliados.

En otras palabras, podrás tener un ejército de afiliados, fuerza de ventas, ayudándote a generar ganancias.

Si haces esto correctamente, puedes ganar mucho dinero, construir una marca, ayudar a otros a ganar dinero y hacer crecer tu lista de suscriptores.

¿Cómo puede ayudarte el tener afiliados para construir tu lista?

- Cuando un afiliado se vuelve tu "vendedor" promoverán tu producto de diferentes formas:

- Comprando publicidad en Google, Facebook y otras redes.

- Creando contenido (artículos, blogs, infografías, etc.) y vinculándolo con tus ofertas.

- Hablando de tu producto a través de las redes sociales.

- Promoviendo tu producto a sus listas.

En cada caso, tus afiliados te enviarán TRÁFICO a tu oferta.

Si configuras adecuadamente tu programa de afiliados, puedes pedirles que envíen tráfico a tu Página de Captura.

Ahora, esos visitantes estarán en una lista especial de afiliados.

Puedes y deberías, configurar una oferta para que los afiliados reciban una ganancia por cada venta que se genere de las personas que quedaron en tu lista.

(No te preocupes, esto es muy sencillo. Puedes subcontratar alguien que lo haga y hay también redes de afiliados que te ayudan con el proceso).

Cuando lo haces...

Tus afiliados ganan, porque estarán enviando múltiples mensajes de promoción a los suscriptores que te enviaron.

Eso significa que tendrán muchas oportunidades de generar una comisión a partir del mismo tráfico.

Tú ganas, porque no sólo harás ventas, también harás crecer tu lista con nuevos suscriptores.

De hecho, tener afiliados que promuevan mis productos ha sido por mucho, un gran acierto.

Hay **3 cosas importantes que debes tener en mente cuando crees y promuevas un producto.**

1. ¿Cuáles son las necesidades de tu lista?

¿No sabes qué producto crear?

La pregunta más importante que debes responder es "¿qué necesita la gente que está en mi lista?

Así es como puedes encontrar la respuesta:

- Pregúntales directamente.
- Observa qué es lo que compran.
- Y LO MÁS IMPORTANTE: OBSERVA LO QUE OTROS ESTÁN VENDIENDO.

Pregúntales. Puedes enviarles un correo y directamente preguntarles algo como:

"¿Cuál es tu mayor frustración o bloqueo?"
"¿Qué tipo de información comprarías sin dudar si pudieras tenerla de inmediato?"

Créeme, si les preguntas te dirán.

Los productos más exitosos que he creado han sido aquellos inspirados en lo que mi audiencia me pide.

Los productos con los que no he tenido buenos resultados han sido aquellos que YO PIENSO son "geniales".

Siempre crea productos que satisfagan las necesidades de tu audiencia.

Haz esto y crearás un producto que no sólo es bueno, sino que además tiene ya una demanda y que te resultará mil veces más fácil de promover.

De otra forma es "esperar" a ver cuál de tus promociones genera el más alto GPC.

Compra los mejores productos que hayas ofrecido.
Estudia y modela lo que enseñan.

Y lo más importante, especialmente cuando apenas empiezas, presta atención a lo que otros están haciendo.

Si se están tomando el tiempo e invirtiendo el dinero en crear productos, es porque existe una demanda para los mismos.

2. ¿Cómo puedes hacer sencillo el proceso de venta para OTROS?

La magia de crear tus propios productos sucede cuando incluyes a los afiliados para que te ayuden a promover.

Es como si de repente tuvieras toda una plantilla de ventas, promoviendo por ti, y sólo tienes que pagarles cuando generen ventas.

Pero, ¿cómo realizar este proceso?

OFRECE UN GRAN PRODUCTO.

TIENES que ofrecer un buen producto que SUS listas deseen tener.

Muchos de los marketeros más exitosos, en realidad se preocupan por sus listas.
Valoran su relación y confían en ellos.

Por lo que si les ofreces algo de menor calidad, ni siquiera voltearán a verlo.

FACILITA EL PROCESO DE VENTA

No sólo les ofrezcas comisiones (por lo menos un 50%,

más si es tu primer producto).

Dales herramientas de promoción como correos muestra, banners, ejemplos de correos únicos.

Ofréceles también contenido gratuito que puedan enviar a sus listas, no sólo escrito sino en audio y vídeo.

Ofréceles artículos de tu blog, publicaciones de redes sociales, etc.

Todo lo que deben hacer es presionar el botón de "enviar".

SE PROACTIVO CON TU RED DE AFILIADOS

Mientras más relaciones construyas con afiliados con listas fuertes, más fácil será para ellos promoverlo.

Lo que significa ofrecerles contenido de valor.

Promover sus productos, darles contenido gratis y ofrecerles ayuda cuando lo requieran.

Mientras más valor les ofrezcas, más voluntad de ayudarte tendrán.

3. Aplica lo que has aprendido en este curso.

Haz lo que otros marketeros hacen.

Crea anticipación.
Ofrece mucho valor GRATIS.
Incrementa los bonos.

Ya sea tu propio producto o el de alguien más, las estrategias son las mismas.

Recapitulando:

- Vender tus propios productos te permite generar más ganancias que vender el producto de alguien más.

- También fortalece tu marca.

- La clave para generar una cantidad extraordinaria en ventas, es incluir una red de afiliados en tu modelo de negocio.

- Hay 3 claves para promover tu propio producto: la calidad, el número de afiliados y tu estrategia general de marketing.

- Mientras más inviertas en crear relaciones hoy, mayores serán los retornos después.

- Así que sé fiel a tu visión y ve planificando la creación de tus propios productos.

4.9 Ejercicio

Vamos a realizar un ejercicio para que comiences a planificar tu producto.

Así es, leíste bien, practicarás cómo crear tu propio producto.

EJERCICIO

- **Escribe las 5 necesidades principales de tu nicho.**

Crea 3 ideas para tu producto, ofertas que puedes crear para ofrecerle a tu lista.

- **¿Qué necesitas comenzar a hacer AHORA para crear ese producto?**

Haz una lista de 5 cosas.

- **¿Qué necesitas comenzar a hacer AHORA para crear relaciones con afiliados que pueden promover intensamente tus productos?**

Haz una lista de por lo menos 5 cosas.

El Marketero inteligente sabe que...

Si quieres generar mayores ganancias de tu lista, eventualmente, tendrás que crear y promover tus propios productos.

Aún y cuando sea sólo un plan para el futuro para ti ahora, ¡comienza a establecer los fundamentos HOY!

¡Cuando llegue el momento, estarás LISTO!
De cualquier manera, tener un sistema no es suficiente.

Necesitarás personas que se registren a tu lista.

En el siguiente paso vas a aprender varias estrategias para promover tu boletín y hacerlo crecer junto con tu cuenta de banco.

Estamos llegando a la parte de Tráfico, es decir, la generación de visitas a tu página y en consecuencia, generación de ganancias.

MÓDULO 5: "TRÁFICO"

5.1 Introducción al Tráfico

Los pasos anteriores te enseñaron cómo crear un sistema para ganar dinero a través del modelo de Email Marketing.

Has aprendido cómo elegir un nicho ganador, cómo llevar personas a tu Página de Captura para que se registren en tu lista, qué tipos de correos enviarles y cómo promover las mejores ofertas.

Si sigues mi consejo, **muy pronto te convertirás en un verdadero experto, con una máquina para ganar dinero consistentemente.**

Sin embargo, esta máquina no te producirá ganancias si no tienes gente que pase por el sistema.

La cantidad de dinero que puedes ganar con el Email Marketing, está directamente relacionada con el número de personas que forman parte de tu lista.

Tal como te dije anteriormente, puedes esperar ganar 1$ por suscriptor, por mes.

Si tienes una lista con 5000 suscriptores, puedes ganar 5000 $ al mes, si tienes 100,000 suscriptores en tu lista, puedes ganar 100,000 $ al mes.

Por lo que, **mientras más personas tengas en tu lista, más dinero ganarás.**

Lo que significa que tienes que aprender a llevar más

personas hacia tu página de captura.

A esto se le llama: "TRÁFICO"

Y **existen muchas formas de generar visitas a tu Página de Captura**, ese es justo el tema que trataremos en este módulo.

Asumiendo que tienes una Página de Captura que convierte, mientras más personas la visiten, más registros tendrás.

Para incrementar la cantidad de tráfico hacia tu Página de Captura necesitas dos cosas: tiempo o dinero.

Estas son algunas formas de generar tráfico gratuito:

1. Blogger invitado.

2. Foros.

3. Comentarios en blogs.

4. Craigslist.

5. Twitter.

6. Yahoo Respuestas.

7. Intercambio de Anuncios Únicos.

Todas estas estrategias funcionan muy bien, pero necesitarás pasar muuuucho tiempo haciéndolas, para ver resultados.

Sin embargo, si no tienes mucho tiempo, entonces necesitarás algo de dinero para enviar tráfico hacia tu página.

La mejor forma de hacerlo es con Anuncios Únicos.

En este paso vas a aprender algunos métodos ELITE, para llevar tráfico hacia tu sitio.

Voy a mostrarte ambos métodos, gratuito y pagado, lo que te permitirá generar resultados más rápido.

Pero eso será en la siguiente lección.

5.2 Genera Tráfico como Blogger Invitado

Comenzaremos analizando los métodos "GRATUITOS" para generar tráfico que, aunque no tienen un costo económico, sin duda representan una inversión en TIEMPO de tu parte.

Y no te olvides que el tiempo es ORO.

Blogger Invitado

Objetivo: **Aprender qué es el blogging y porqué es una excelente forma de generar tráfico calificado.**

Tiempo estimado: **15 min.**

Antes de comenzar: **Encuentra algunos blogs de tu nicho, prepárate para tomar notas.**

Tiempo vs Dinero

Tal como te dije en la introducción, hay 2 formas para hacer crecer tu negocio de manera efectiva, puedes elegir invertir tiempo o dinero.

Eso significa enviar tráfico, utilizando métodos gratuitos pero que te demandan invertir mucho tiempo o con tráfico pagado.

Revisaremos los aspectos del tráfico pagado más adelante.

Primero te mostraré cómo hacerlo con **TRÁFICO**

GRATUITO.

Te tomará algo de tiempo, pero la calidad del tráfico usualmente es muy buena.

Tráfico gratuito de los blogs de otros.

Una de las mejores fuentes de tráfico calificado es participar como Blogger Invitado en el blog de alguien más.

Si aún no sabes qué es el "blogging" te lo explicaré ahora.

Los blogs son páginas en las que los expertos tocan temas de manera casual.

Participar como Blogger invitado es cuando tú escribes un post en el blog de otro experto.

Déjame darte un ejemplo.

Carlos tiene un blog sobre autos clásicos. Le encanta escribir sobre diferentes modelos y las transformaciones que suceden mientras los restauran.

Juan está buscando aumentar su lista sobre autos clásicos y auto-shows, por lo que le pregunta a Carlos si puede escribir un artículo para su blog.

Después de revisar el trabajo de Juan, Carlos acepta y publica el artículo en su blog.

Esto hace que se generen visitas tanto para el blog de Carlos como para la página de captura de Juan.

En este caso, sé que te gustaría ser Juan.

Ser el Blogger invitado es como la mayoría de los métodos

gratuitos para generar tráfico: es como rascarle la espalda a alguien para que rasque la tuya.

Aquí te comparto cómo maximizar tu habilidad para enviar tráfico con un artículo como Blogger invitado:

1. Posiciónate como Experto

Esto puedes hacerlo de distintas formas.

La más sencilla es tener tu propio blog, con contenido de valor y muy buenos artículos.

Si no eres un gran escritor, considera contratar a alguien para que escriba por ti.

Existen muchas páginas para encontrar muy buenos FreeLancers.

Por supuesto la otra forma de posicionarte como experto es con una Página de Captura profesional y un boletín con contenido de valor.

2. Contacta con el Dueño del Blog

Ahora que ya tienes contenido de valor, es momento de encontrar a alguien con un buen blog.

Busca blogs en tu nicho.

Simplemente ingresa la frase: google {tu nicho} + blog y ve si los dueños de otras listas tienen blogs en línea.

Busca los blogs con el mayor tráfico y comentarios.

Si ya tienen algún artículo publicado por un Blogger invitado, será sencillo que acepten.

Contáctate con el dueño/a y envíale una pequeña muestra de tus mejores artículos.

Ofrécele escribir un artículo como invitado GRATIS.

Hazle saber que enviarás tráfico hacia su blog para que lean el artículo y tú incluirás un enlace hacia tu página de captura en el mismo para dirigir visitas.

¿Cómo te ayuda esta situación?

- Primero, **aumenta tu credibilidad en tu nicho.**
Te has posicionado como "Experto"

- Segundo, **puedes mencionar tu propio blog en el artículo que escribiste.**

Esto llevará tráfico inmediato de personas interesadas en tu nicho.

- Tercero, **esto construirá la relación con el Blogger,** que te permitirá apalancarte y generar más tráfico.

Pueden "devolverte el favor" escribiendo un artículo en tu blog o para tu boletín o pueden mencionarte en su boletín.

Recapitulando:

- **Si no tienes un blog es momento de tener**

uno.

- Posiciónate como experto
- Contacta Bloggers cuyos sitios tengan mucho tráfico y comentarios
- Trabaja con ellos.
- Apaláncate de esos artículos y de la relación para aumentar tu lista.

En la siguiente lección, voy a dejarte TAREA para que calientes motores y apliques lo que has aprendido hasta ahora.

5.3 Manos a la Obra

EJERCICIO

1. Revisa los blogs que elegiste en la lección anterior.

2. Identifica aquellos con más tráfico y comentarios, anota los nombres de los títulos.

3. Haz una lista de por lo menos 5 blogs en los cuales puedes escribir, junto con algunas ideas para los títulos.

4. Busca información de contacto de los dueños de esos blogs.

5. Ponte en contacto con ellos y platiquen la idea.

El Marketero inteligente sabe que...

A todos les gustan las cosas GRATIS.

Lo que se "percibe" como algo SIN ESFUERZO, puede ser muy valioso para ti.

Conviértete en experto en tu nicho escribiendo como Blogger invitado de otros blogs.

Esto incrementará tu presencia en línea y llevará tráfico a tu lista, que se convertirán en ventas.

¡Sigamos construyendo juntos tu Negocio de 4 Horas!

5.4 El Poder de los Foros

Objetivo: Aprende a utilizar los foros para obtener suscriptores GRATIS y CALIFICADOS.

Al concluir esta lección comprenderás la importancia de utilizar los foros para generar tráfico y cómo hacerlo.

Tiempo estimado: **15 min.**

Antes de comenzar: **Abre tu navegador y localiza algún foro de tu nicho, ten lápiz y papel a mano para tomar apuntes.**

Foros = Comunidades

Los foros son un lugar donde la gente puede hacer preguntas sobre algún tema y obtener una gran variedad de respuestas.

A diferencia de los blogs, los foros contienen respuestas cortas a preguntas directas.

Una simple búsqueda en Google, te llevará a los foros más populares del nicho.

Después de todo, así es como la gente los encuentra.

Los foros tienen personas que no necesariamente son expertos y aún no han establecido su credibilidad.

Esto es tanto positivo como negativo.

Lo negativo es que CUALQUIERA (ya sea experto o no) puede responder una pregunta.

Lo que puede significar que haya muchos malos consejos y discusiones sin sentido.

Lo positivo es que si ofreces BUENAS respuestas, eventualmente **te posicionarás como EXPERTO.**

Apalancándote de un Foro.

Digamos que tu nicho es "trabajar desde casa y ganar dinero", vas a un foro y buscas una pregunta "básica" que puedas responder.

Hay dos aspectos que te ayudarán a que esas respuestas se conviertan en registros a tu lista, no sólo la persona que hizo la pregunta sino también de otros miembros que visitan el foro.

1. Da una Muy Buena Respuesta.

No sólo contestes superficialmente, ¡ofrece una respuesta EXTRAORDINARIA!

2. Entrega más de lo que se espera de ti.

La gente se sorprenderá, pues tu respuesta "brillará" entre tantos otros comentarios sin sentido y comenzarán a confiar en ti.

Publica un enlace hacia tu Página de Captura en tu firma.

De esta forma, si alguien tiene preguntas

adicionales o quiere saber más de ti, revisarán tu página y probablemente, se registren.

(NOTA: cada foro tiene sus propias reglas respecto a las firmas que dejas. Muchos permiten que coloques enlaces hacia tu página de captura, pero otros no).

Asegúrate de revisar esas reglas antes de hacer alguna publicación.

Responder preguntas de manera brillante no sólo llevará tráfico hacia tu página, también te posicionará como Experto pues la gente te conocerá por la calidad de tus respuestas.

Los foros son un buen lugar para generar suscriptores de calidad.

Podrás no recibir muchos registros, pero tendrás suscriptores calificados que LEAN tus correos. Eso es porque confían en ti.

Recapitulando:

1. **Encuentra foros relevantes en tu nicho.**
2. **Excede las expectativas con tus respuestas.**
3. **Vincula tu firma con tu página de captura.**

He incluido un ejercicio en esta lección para que sigas aplicando tu enfoque y energía al crecimiento de tu Negocio de 4 Horas:

EJERCICIO

- Encuentra 5 foros de tu nicho. Google [tu nicho]= foro.

- Revisa las reglas del foro para asegurarte que puedes colocar un enlace en tu firma.

- Revisa algunas de las preguntas y respuestas.

- Date una idea de lo que sería una buena respuesta y pueda enviar tráfico.

- Ofrece respuestas BRILLANTES.

5.5 Tráfico con Comentarios

Esta lección te mostrará cómo generar tráfico haciendo:

Comentarios en un Blog.

El objetivo de comentar en un blog no es responder una pregunta, es expresar tus propias ideas respecto a lo que has leído en el artículo.

Te daré un ejemplo:

Una publicación en un foro sería una pregunta directa como "¿Cómo hago crecer mi negocio?

En un blog, tan sólo puedes dejar un comentario como:

"3 Formas para Hacer Crecer Tu Negocio Rápido"

El foro requiere una respuesta. El comentario en el blog no.

Pero sólo porque el blog no requiera respuesta, no significa que no lo puedas hacer.

Cómo generar tráfico con los comentarios de un blog.

1. Envía Tráfico.

No dejes pasar la oportunidad de generar tráfico, por lo que tu comentario debe incluir un enlace hacia tu página de captura.

Todo depende de cómo esté configurada la parte

para comentar del blog, pero generalmente esto es lo que puedes hacer:

- Vincular tu nombre de usuario -el que aparece en la parte superior del comentario con tu página de captura

- Utilizar un enlace dentro del comentario. (No exageres con esto.)

- Firma todos tus comentarios con la URL de tu página de captura. (Sólo coloca el enlace bajo tu nombre al final del comentario.)

- En los blogs donde los enlaces en los comentarios no estén permitidos, crea un perfil y llena la sección de la "URL" con el enlace de tu página de captura.

Si publicas comentarios de manera consistente, la gente revisará tu perfil y hará click en esa URL.

2. Utiliza el truco del RSS para Comentar INMEDIATAMENTE.

El alimentador RSS es una tecnología muy útil que te permite recibir alertas cada vez que un blog se actualiza.

Por ejemplo, si estás suscrito al RSS de mi blog, en el instante que publico algo en él, aparecerá una notificación en tu RSS.

Este es un buen truco para aprovechar esta situación:

Paso 1: Descarga el lector RSS o suscríbete a uno.

Esto te permite recibir esas notificaciones.
Puedes encontrar servicios muy buenos y gratis en
Google.

Paso 2: Suscríbete al mejor blog de tu nicho.

Paso 3: Cuando hagan una publicación, inmediatamente recibirás una notificación en tu alimentador RSS.

Paso 4: Ahora ve al blog y comenta.
Con este truco, podrás ser de los primeros en comentar.

Tu comentario aparecerá también en la parte superior. Y eso significa mayor visibilidad para ti.

3. **Ofrece comentarios valiosos.**

No sólo comentes sin sentido, ofrécele al autor y a los demás lectores ese EXTRA, ideas, reacciones e incluso, ocasionalmente, controversia.

En la publicación que tomábamos de ejemplo anteriormente sobre "3 Formas de Hacer Crecer Tu Negocio RÁPIDAMENTE" puedes ofrecer un cuarto Tip al respecto, con más detalle.

Recuerda que **la idea es posicionarte poco a poco como un experto.**

4. **Completa el artículo de manera creativa.**

Además de ofrecer un Tip adicional, asegúrate de agradecer al autor por el artículo y menciona por qué te gustó.

Esto te posiciona también como alguien amable que le da crédito a quien lo merece.

Esto puede llevarte también a crear una amistad con el autor.

5. Si no estás de acuerdo, dilo con educación.

Si hay algo en lo que difieres, puedes expresar tu opinión, pero SIEMPRE muestra tu educación.

Asegúrate de ser gentil en tus respuestas, aún y cuando no estés de acuerdo en algo.

No sólo seas negativo, sé constructivo.

El autor puede incluso agradecerte por eso y esto también incrementará tu credibilidad, por ser honesto pero educado.

Recapitulando:

- **Mientras más rápido comentes en un blog, mejor.**
- **Los comentarios deben agregar valor al artículo publicado.**
- **Tu comentario tiene que ser constructivo.**
- **Siembre se amable y educado. Recuerda que eres el invitado.**
- **Incluye la URL de tu página de Captura e inclúyela en tu comentario o en tu perfil.**

EJERCICIO

- Dirígete al blog que tienes ya identificado.

- Observa los comentarios.

- Identifica los comentarios útiles. Observa los que no lo son.

- Comenta en los blogs agregando un enlace de tu Página de Captura.

El Marketero inteligente sabe que...

Comentar en los blogs es una forma rápida de posicionarte como experto en una comunidad de personas interesadas en un nicho.

Muchas personas que leen un blog tienen un interés genuino y desean aprender más.

Eso significa que tus comentarios pueden atraer a personas realmente interesadas, lo que significa tráfico cualificado, hacia tu Página de Captura.

5.6 Twitter (Primera Parte)

Esta es una de mis lecciones favoritas.

"Cómo utilizar Twitter para generar Tráfico"

Objetivo: Saber cómo utilizar Twitter para dirigir tráfico hacia tu Página de Captura.

Esta lección te mostrará cómo usar Twitter para llevar tráfico calificado GRATIS hacia tu página.

Tiempo estimado: **10 min.**

Antes de comenzar: **Abre tu cuenta de Twitter, ten a la mano dónde apuntar.**

Tras años de tener campañas exitosas utilizando las Redes Sociales para aumentar mis listas he comprobado que <u>las redes sociales son como un "alboroto".</u>

Si eres una gran marca, será más sencillo destacar, pero, para muchos marketeros que comienzan, <u>**Twitter es una herramienta de redes sociales muy fácil de utilizar para enviar tráfico hacia tu Página de Captura.**</u>

Estos son los pasos a seguir para comenzar a utilizar Twitter:

1. **Escribe buenos tweets.**

Suena obvio ¿verdad?

Te sorprenderás.

Muchas empresas están en Twitter, pero no saben cómo comunicarse efectivamente.

Publicar un mensaje como "Qué bonito día" o ¿"Cómo estás?" no va a crear la respuesta que quieren y mucho menos, serán re-tuiteados ese tipo de mensajes.

La gente quiere pequeños trozos de ideas e información que pueda utilizar.

Cosas como estas:

- Tips Rápidos para tu Negocio.

- Frases inspiradoras.

- Enlaces a artículos interesantes.

- Enlaces a publicaciones de tu blog.

- Enlaces a nuevos productos.

- Enlaces a Ofertas -->Esta es tu Página de Captura.

Si sólo ofreces comentarios inútiles, dejarán de seguirte.

2. Incrementa el número de seguidores.

Mientras más seguidores tengas en Twitter, más alcance tendrás con tus mensajes.

Para conseguirlo, puedes hacer dos cosas:

Estrategia #1: Sigue a otras personas.

Una de las ventajas de Twitter es que puedes ver quién está siguiendo a quién.

Eso significa que puedes encontrar cuentas populares de algún experto en tu nicho y comenzar a seguir a ese tipo de personas.

Ejemplo: Si tu nicho es comida saludable, puedes segmentar a los seguidores de tiendas que ofrecen esos productos.

La forma en que Twitter funciona es, si tú sigues a alguien, ese alguien por lo general te seguirá.

Dado que sigues a personas realmente interesadas en tu nicho, estás teniendo el alcance del segmento correcto de prospectos.

Estrategia #2: Interactúa en las conversaciones.

Una vez que sigas a alguien, envíale un mensaje.

NO ENVÍES MENSAJES DIRECTOS. Actualmente nadie revisa sus mensajes directos por Twitter.

En su lugar, envíale un @mensaje.

Sólo inicia la conversación, al hacerlo, estás aumentando las probabilidades de que te sigan.

3. Utiliza #Etiquetas.

Debes utilizar etiquetas de USO y buscarlas.

Tan sólo busca las etiquetas más comunes en tu nicho.

Al colocar adecuadamente la #etiqueta puedes aumentar tu presencia en los resultados.

Si alguien busca #negocios, y tú estás haciendo uso de esa etiqueta, ¡adivina quién aparecerá en los resultados!

Las #etiquetas pueden colocarse en tu tweet o después de él.

De esa forma, la gente que busca más información al respecto te podrá seguir.

Algunas de las etiquetas más populares que pueden ayudarte son:

#Marketing
#Negocios
#Éxito
#Metas

Sé creativo y sin duda se te ocurrirán más.

4. Mantente Activo.

La otra parte de la etiqueta es la búsqueda.

Busca personas que hablen sobre tu nicho utilizando la etiqueta de búsqueda, comienza una conversación con ellos y empieza a interactuar.

Encontrar a personas populares y seguirlos puede

ayudar a construir tu red en Twitter.

Re-twittear sus mensajes y comentar siempre será una ventaja para ti.

Cuando decidas twittear se incrementarán las probabilidades de que te re-twitteen.

¿Por qué querrías que re-twittearan tus mensajes?

Porque todos sus seguidores verían tus tweets y si les gustan, te seguirán.

Hasta aquí la primera parte, en la segunda te hablaré de La Regla de ¼

5.7 Twitter (Segunda Parte)

Lo prometido es deuda, vamos a ver qué beneficios tiene, hacer uso de:

La Regla de 1/4

Una vez que tengas un gran número de seguidores, puedes trabajar en las conversiones.

Dado que estas son redes sociales la mayoría de la gente no quiere que le vendas nada.

Así que siempre mezcla tu contenido.

Inténtalo probando esta regla de 1/4 para tus tweets:

1. **1/4 de contenido relacionado con tu nicho.**
2. **1/4 de contenido divertido e interesante.**
3. **1/4 de contenido como consejos y tips.**
4. **1/4 de contenido que les lleve a tu Página de Captura.**

Si tus tweets son sólo tu Página de Captura, sentirán que les estás enviando mensajes basura (SPAM).

Recuerda que SIEMPRE hay que ofrecer VALOR.

Recapitulando:

- **Escribe tweets creativos y de calidad.**
- **Participa de las conversaciones de vez en cuando.**
- **Utiliza adecuadamente las #etiquetas.**
- **Mezcla el tipo de tweets que publicas**

aplicando la regla de 1/4.
   -   Mantente activo, sigue a otros y haz re-tweet de su contenido.

EJERCICIO

1. Dirígete a Twitter y realiza una búsqueda de las etiquetas más populares en tu nicho.
2. Encuentra a alguien con muchos seguidores que NO siga a muchas personas.
3. Lee sus tweets y analízalos.
4. Síguelos.
5. Re twittea algunos que sean interesantes.
6. Twittea 4-8 veces al día siguiendo la regla de ¼.
7. Repite el proceso cada día por unos 10 min, encuentra una persona, síguela, twittea y re twittea.

El Marketero inteligente sabe que...

Twitter puede ser una herramienta muy útil o una verdadera pérdida de tiempo dependiendo de si sabes utilizarlo o no.

Tristemente, no basta con tener una cuenta de Twitter.

Tienes que publicar con frecuencia y hacerlo con calidad.

Pero hay miles de usuarios y eso representa un gran potencial de conversiones y tráfico.

Prueba Twitter y si lo disfrutas, construye una red de seguidores usando la Regla de 1/4.

5.8 Yahoo Respuestas

Este es un método de generación de tráfico que también resulta muy efectivo.

Objetivo: **Aprender a usar Yahoo Respuestas para atraer tráfico GRATIS.**

Al término de la lección tendrás una mejor comprensión de cómo utilizar Yahoo Respuestas.

Tiempo estimado: **15 min.**

Antes de comenzar: **ve a Yahoo respuestas. Ten un lápiz y papel cerca para tomar notas.**

Yahoo Respuestas.

Es uno de esos sitios para realizar Preguntas y Respuestas que se ha vuelto muy popular, pues encuentras respuestas de todo tipo y en todos los nichos.

Ya sea que te especialices en marketing online, salud, citas, siempre habrá preguntas para responder.

Lo mejor de todo es que **Google AMA este sitio.**

Si respondes suficientes preguntas en Yahoo Respuestas podrías generar mucho tráfico hacia tu Página de Captura.

Y ese tráfico puede ser constante.

La pregunta es... **¿cómo hacerlo?**

Primero, quiero asegurarme de que revises el sitio.

Es muy sencillo, pero tienes que observar 2 cosas importantes.

Algo que distingue a Yahoo Respuestas es que tiene una clasificación para las "Mejores Respuestas".

Esta característica le da a la gente la oportunidad de votar por las mejores respuestas.

Te daré un ejemplo:

Alguien pregunta: ¿Cómo puedo empezar un negocio? y cinco personas responden.

La persona con el mayor número de votos queda clasificada como "Mejor Respuesta" y se coloca en las primeras posiciones de la lista, justo debajo de la pregunta.

¿Qué significa esto?

1. Ofrece la MEJOR respuesta posible

Para que la gente decida que diste la mejor respuesta y te posiciones justo debajo de la pregunta, ofrece CALIDAD en tu respuesta.

Revisa algunos ejemplos y trabaja en tu posicionamiento como experto.

2. Responde MUCHAS preguntas.

Mientras más preguntas respondas, más oportunidades tendrás de ser clasificado como

"Mejores Respuestas".

Eso te da visibilidad.   Busca tantas preguntas puedas relacionadas con tu nicho, directa o indirectamente

Algunos ejemplos de términos son:

- Trabajo desde casa.
- Ganar dinero con mi negocio online.
- Tener tu propio negocio.
- Libertad Financiera.

3. Sé Astuto.

Colocar la URL al final de tu respuesta te hará ver como SPAMMER.

Utiliza la firma completa.

Otra posibilidad es que utilices tu blog o tu Página de Captura de manera orgánica para clasificar en las respuestas.

Esto es un poco más avanzado, pero de cualquier forma, la idea es comunicar valor.

Di algo al final como:

"Hay mucho más que explicar al respecto, pero no hay suficiente espacio aquí.

He escrito un reporte gratis sobre esto" en lugar de "Oigan, vengan y regístrense en mi lista".

Recapitulando:

- Ofrece respuestas GENIALES, excede las expectativas SIEMPRE.
- Responde muchas preguntas.
- Haz que el enlace hacia tu Página de Captura aparezca orgánicamente en tu respuesta.

EJERCICIO

- Busca tu nicho en Yahoo Respuestas.

- Busca preguntas importantes para tu nicho.

- Estudia las respuestas que han sido clasificadas como "Mejores Respuestas".

- Intenta responder una pregunta al día.

- Asegúrate de que tu URL fluya naturalmente en tu respuesta.

- Prueba este método por 10 días.

El Marketero inteligente sabe que...

Yahoo Respuestas es un reto único ya que tu respuesta se clasifica.

Escribe excelentes respuestas y no intentes vender nada.

La meta principal es enviar tráfico, por lo que debes

esforzarte en dar la MEJOR respuesta posible.

MÓDULO 6: "OPTIMIZACIÓN"

6.1 Incrementando Entregas y Resultados

¡Felicidades!

Hasta este momento llevas un gran avance en tu camino hacia convertirte en un Experto en tu Negocio de 4 Horas.

Sabes ya suficiente, como para comenzar a generar ingresos considerables.

Sabes cómo elegir un nicho rentable, cómo configurar una página de captura que convierta y cómo persuadir a tus suscriptores con correos de calidad.

Sabes cómo monetizar tu lista con las ofertas correctas y cómo obtener suscriptores enviando tráfico hacia tu Página de Captura.

Toda esta información puede resultar abrumadora pero, has estado implementando cada paso y cada pieza de contenido, paso a paso, incluso es posible que ya tengas a tus primeros suscriptores.

Por lo que, en este módulo, voy a compartir contigo varias cosas que te ayudarán a hacer que tus esfuerzos generen mayores ganancias.

Aprenderás 3 cosas importantes:

1. El Indicador más importante que DEBES rastrear.

Los mejores marketeros escuchan lo que la información estadística les dice.

Si algo está funcionando, lo expanden.

Si algo NO está funcionando, lo eliminan.

La pregunta es: ¿qué indicador tienes que recolectar para basar tus decisiones en él?

En la primera lección, aprenderás más sobre los indicadores y cómo utilizarlos para optimizar tus campañas de Email Marketing.

2. ¿Cómo asegurarte de que tus suscriptores VEAN y LEAN tus correos?

Has aprendido mucho sobre qué clases de correos deberías enviar a tu lista.

En este paso, vamos a profundizar en el tema y te mostraré cómo puedes asegurarte de que la mayoría de tus suscriptores reciban tus mensajes.

Estos pequeños detalles incrementarán la entrega de tus correos.

Entrega: la frecuencia con que tus correos llegan a la bandeja de entrada de tus suscriptores en lugar de llegar a la bandeja de SPAM.

Además, compartiré contigo algunas técnicas ninja que te ayudarán a que tus correos tengan mayores conversiones y en consecuencia, el número de ventas que generes también aumentará.

3. Cómo superar el más común de los problemas del Email Marketing.

Conforme crece tu negocio de Email Marketing, crecerán también los retos que hay que enfrentar y superar.

Puede llegar a resultar frustrante, pero no por eso imposible.

No te preocupes, en esta sección te voy a revelar algunas de las frustraciones más comunes que los emprendedores padecen para que puedas estar preparado y superar estos retos con éxito.

¡Empezamos!

6.2 Indicadores de Rastreo

En esta lección voy a compartir contigo los Indicadores de Rastreo para optimizar tu Negocio de 4 Horas.

Objetivo: **Aprender sobre los indicadores que determinarán el éxito o fracaso de tus esfuerzos de marketing.**

Al término de la lección tendrás mejor comprensión de lo que es el CTR (Índice de Clicks = Click Through Rate), Índice de Apertura y Ganancias por Click y lo que dicen estos números sobre la efectividad de tus correos.

Tiempo estimado: **10-15 min.**

Antes de comenzar: **Prepárate para tomar notas. Además, abre tu cuenta de autorespondedor para realizar un ejercicio al final.**

En este último paso, te voy a dejar claro la importancia de los indicadores.

Si recuerdas, <u>**las métricas o indicadores son simplemente cosas que MIDES.**</u>

En el negocio del Email Marketing, tus métricas son números que te dicen si tus correos son entregados, leídos y la gente toma acción al verlos.

Como aprendiste antes, <u>**es VITAL que bases tu negocio de**</u>

Email Marketing en información, no en "corazonadas" o "sentimientos".

Si algo está funcionando, los números lo confirmarán y tú podrás tomar mejores decisiones.

Si algo NO está funcionando, los números también te dejarán ver QUÉ es lo que está mal para que lo corrijas o lo elimines.

Sólo puedes saber con certeza qué es lo que SÍ funciona y qué es lo que NO, con buena información.

Ahora, hablemos sobre estas ideas con más detalle.

Entrega.

La entrega se mide por cuántos correos llegan a la bandeja de entrada de tus suscriptores.

Para que tu Email Marketing sea efectivo, necesitas enviar correos que sean entregados, leídos y en los cuales tus suscriptores tomen acción.

Enviar constantemente correos que no ayudan a hacer crecer tu negocio, es una pérdida de tiempo, dinero y recursos.

¡Asegúrate de que todo lo que envíes valga ORO!

Si no es así, necesitas evaluar tus correos para identificar qué es lo que te está bloqueando.

La forma más simple de hacer esto es revisando las métricas o indicadores de tus correos.

Específicamente, tu CTR, los Índices de Apertura y Ganancias por Clicks.

Si alguno de estos 3 indicadores es bajo, significa que necesitas hacer algunos cambios en tu estrategia.

Te explicaré cada uno de estos términos, pero son muy fáciles de entender:

1. CTR

CTR = Click Through Rate = Índice de Clicks.

Te muestra cuántas personas están haciendo click en tus enlaces.

Esto es importante pues si tus suscriptores no están haciendo click en ellos, puede significar dos cosas:

- No están apareciendo correctamente tus enlaces (pueden estar inactivos).
- No tienen interés en lo que les ofreces.

Recuerda, **la mejor manera de revisar tu Índice de Clicks es contando los clicks ÚNICOS.**

Tu autorespondedor no es tan preciso.

2. Índices de Apertura.

Te dice cuántas personas abren tus correos.

Este dato es FUNDAMENTAL para tu éxito, si nadie los abre, nadie compra.

Tus títulos tienen mucho que ver para mejorar tus índices de apertura.

Si este número es bajo, lo primero que debes hacer es revisar tus títulos.

Títulos aburridos te perjudicarán.

No es la intención que seas tramposo con tus títulos, pero necesitas seguir ciertas reglas.

Hay otro factor importante que debes considerar, tus correos pueden estar llegando a la bandeja de SPAM.

Después te enseñaré cómo evitarlo.

3. GPC

Ya hemos hablado de las Ganancias por Click (GPC).

Este indicador responde esta pregunta:

¿Cuánto estás ganando cada vez que alguien hace click en tus enlaces?

Ya aprendiste sobre GPC en el módulo de monetización.

Sólo me gustaría recordarte que mientras mayor sea el número GPC de tu oferta, más énfasis debes dar a promoverla.

Observa las tendencias en tus indicadores.

Excepto por el GPC, ya que siempre te dirá qué oferta es la ganadora.

Necesitas observar las tendencias.

Naturalmente, quieres que tus indicadores sean altos. Y sí, es perfectamente normal ver una pequeña variación con altas y bajas.

Pero aquí es cuando necesitas observar con cuidado la tendencia de tus indicadores.

Si comienzas a ver una tendencia negativa, una baja repentina en algún indicador, revisa tus correos.

Revisa lo que están promoviendo, ya sea que necesites seguir haciendo lo mismo o corregir el curso y hacer mejoras y cambios.

No puedo dejar de insistirte en esto: **los indicadores te darán la oportunidad de hacer cambios en tu negocio de Email Marketing para que sea lo más rentable posible.**

Recapitulando:

- Necesitas correos entregados para generar resultados.
- Los indicadores más importantes de tu negocio son: CTR, Índices de Apertura y GPC.
- Si estos datos no son altos, reevalúa tu estrategia:
    • ¿Dónde comenzó el problema?
    • ¿Estás haciendo mucho de lo mismo?

EJERCICIO

Si no has hecho los ejercicios de las lecciones anteriores, deberás enviar correos a tus suscriptores.

-   **Identifica los Índices de Apertura de 3 de tus correos en tu Autorespondedor.**

-   **Calcula tu Índice de Clicks (CTR) de uno de los correos de promoción que enviaste.**

-   **Calcula el GPC con ese correo.**

El Marketero inteligente sabe que...

Tu CTR, Índice de Apertura y GPC son indicadores muy importantes que necesitas mantener elevados.

Si tu estrategia no contempla monitorear estos indicadores, no te sorprenda que tu negocio no prospere.

Siempre observa qué es lo que la gente quiere y ofrécele mucho más.

Revisa tus indicadores y utilízalos para maximizar las conversiones de tus correos.

6.3 Plantillas Prediseñadas

Ahora voy a responder una pregunta muy común respecto a las plantillas prediseñadas que incluyen varios Autorespondedores:

¿Las Plantillas prediseñadas hacen la diferencia?

Objetivo: **Aprender sobre las plantillas prediseñadas y para qué sirven en tus campañas de Email Marketing.**

Al término de la lección comprenderás porqué es mejor adquirir un enfoque minimalista para tus correos.

Tiempo estimado: **5.10 min.**

Antes de comenzar: **Si tienes una cuenta de Autorespondedor, abre algunos ejemplos de plantillas prediseñadas que el servicio te incluye.**

Ten tu lápiz y papel listos para tomar nota.

---

1. Bonitas, Sí -Efectivas, NO.

Las plantillas pueden ser muy bonitas, coloridas, bien diseñadas, llenas de gráficos y demás. También pueden incluir tu logotipo y tu foto.

Sí, las plantillas son muy bonitas y...distraen a tu prospecto.

Lo que puedes creer que hayas ganado al utilizar una plantilla, puede ser tu mayor debilidad.

Después de todo, para muchos de tus suscriptores sólo representan más elementos de distracción.

Cuando se trata de Email Marketing, este es mi consejo:

<u>**S.H.S.**</u>
<u>**Siempre Hazlo Simple.**</u>

No necesitas ninguna de esas plantillas para escribir tus correos.

<u>El enfoque de tus correos debe ser: CONTENIDO.</u>

Complicar las cosas por agregar un mejor diseño a tu boletín sólo creará la distracción de tu prospecto.

<u>Su atención debe estar ÚNICAMENTE en lo que tienes que decirles.</u>

2. Fotos: Inútiles si no cargan.

Cuando digo "simple" en verdad quiero decir "simple".

<u>Únicamente texto.</u>

Aunque algunas fotos son geniales para incluirlas en tu Página de Captura, no siempre resultan útiles.

El problema es que la mayoría de los servicios de correo requieren que el lector haga click en el botón que dice "mostrar contenido adicional" o "cargar imágenes" y muchos de los suscriptores no saben lo que es o no les interesa.

3. EVITA INCLUIR FOTOS, enfócate en el CONTENIDO.

Hay una razón para que los marketeros exitosos envíen sus correos así, son texto solamente.

¡Que tu atención se dirija hacia los enlaces!

Y eso es exactamente lo que quieres que tus lectores hagan.

Recapitulando:

- S.H.S. Siempre Hazlo Simple
- **Las plantillas prediseñadas desvían la atención de tus lectores**
- **Las imágenes no son útiles tampoco.**

EJERCICIO

1. Abre tu cuenta de autorespondedor y revisa los ejemplos de plantillas prediseñadas.

2. ¿Hacia dónde se dirige tu atención? ¿Qué es lo que más llamó tu atención? ¿Está en el contenido o en el diseño?

3. Encuentra algunos correos en tu bandeja de entrada de alguna compañía y que incluyan gráficos.

4. Observa su contenido y pregúntate si en realidad es "necesario" tanto diseño.

5. Pregúntate nuevamente: ¿Hacia dónde se

dirige tu mirada? ¿Qué es lo que más llamó tu atención? ¿Contenido o diseño?

6. Si estás registrado a su boletín, revisa unos 20 correos y observa cómo están formateados.

a)   ¿Utilizan plantillas?

b)   Si es así, ¿las plantillas agregan valor o distraen?

El Marketero inteligente sabe que...

La respuesta a la pregunta de si vale la pena utilizar plantillas prediseñadas en tu boletín es **NO.**

Cuida mantener siempre un gran valor y calidad de tu contenido, enfócate en lo que tienes que decir no en los diseños y colores del boletín.

Ofrece SIEMPRE información de VALOR.

Ahora tienes más razones fundamentadas para enfocarte en lo que realmente es importante, **CONTENIDO.**

6.4 Aumenta los Índices de Apertura

A continuación, quiero enseñarte cómo puedes asegurarte de que tus suscriptores lean tus correos.

Aprenderás qué hacer para lograr:

Incrementar la Entrega y los Índices de Apertura.

Objetivo: **Aprender a incrementar la entrega de tus correos así como los índices de apertura.**

Comprenderás por qué tus correos pueden no estar siendo abiertos por tus lectores o marcados como SPAM.

Tiempo estimado: **15-20 min.**

Antes de comenzar: **Esta lección es densa, prepárate para tomar notas.**

---

1. La Bandeja de SPAM: Tu Peor Enemigo.

Las campañas de correo electrónico no funcionan si nadie abre los correos.

Pero lo peor es cuando ni siquiera los reciben.

Parece un concepto básico, pero en realidad afecta a muchos marketeros.

Preguntas como estas pasan por su cabeza:

- ¿Por qué es tan bajo mi índice de apertura?
- ¿Por qué no tengo ventas?
- ¿Por qué no están recibiendo mis correos?
- ¿Por qué mi índice de rebote es tan alto?
- Y muchas más...

Lo que probablemente no han notado, es el hecho de que sus correos seguramente están cayendo en la clasificación de "SPAM" o "correo basura".

Los filtros de SPAM pueden estar enviando sus correos directo a esa bandeja.

Estos filtros se activan cuando colocas palabras o signos o frases en los títulos de tus correos.

Estos son algunos ejemplos:

- ¡RECIBE UN REGALO GRATIS! ¡GANA DINERO! ¡HAZ CLICK AHORA!

- ...Gana Dinero Rápido

- GANA DINERO DESDE CASA

- ***ABRE AHORA***

Pueden resultar muy obvios para ti, pero te sorprendería saber cuánta gente los usa.

Estos títulos no sirven por dos razones...

Parecen SPAM, y segundo ¡NO FUNCIONAN!

Nadie querrá abrirlos.

2. Reglas para Los Títulos.

Estas son algunas reglas que puedes seguir cuando escribes los Títulos de tus correos:

a) Evita frases como "gratis", "gana dinero", "ganar" y "no".

b) Nunca utilices puntos suspensivos.

c) Utiliza la función de "verificador de SPAM" de tu autorespondedor. (Todos los que te recomendé anteriormente lo tienen).

3. Reglas del Correo Electrónico.

Después de escribir tus títulos, viene el correo.

Para incrementar el envío, seguir estas reglas te ayudará:

a) No escribas todo con MAYÚSCULAS.

Al ESCRIBIR CON MAYÚSCULAS parece que le gritas a alguien y esto alerta los sistemas de detección de SPAM.

Puedes agregar mayúsculas para enfatizar, pero no exageres.

b) No utilices otros colores que no sean negro.

El uso excesivo de colores (especialmente el rojo) puede ser causa de que tus correos terminen en la bandeja de SPAM.

Puede ser contraproducente que intentes agregar colores a tus títulos, utiliza el negro siempre.

c) **No utilices demasiados signos de puntuación.**

Algunas exclamaciones y pequeños fragmentos de texto con algún signo de exclamación/interrogación están bien y puede funcionar.

Pero, utilizar demasiados signos es innecesario e incómodo, y una garantía para que se queden en la bandeja equivocada.

d) **No utilices "HAZ CLICK AQUÍ"**

Demasiada insistencia en la instrucción "haz click aquí" puede ser contraproducente.

Esto depende del resto del contenido del correo.

Los hipervínculos son muy fáciles de crear y pueden funcionar en tu correo de manera orgánica.

Por ejemplo:

...cuando visites "esta página" encontrarás extraordinarias recetas.

Es una forma más sutil de hacer un llamado a la acción sin alertar los filtros anti SPAM.

Y a ese respecto, el tan odioso "SPAM" dedicaré mi próxima lección.

6.5 Batalla contra el Spam

Este tema bien merece que le dediquemos más tiempo, pues es el COCO de los marketeros.

A continuación vas a aprender cuáles son las:

Palabras consideradas "SPAM"

El uso excesivo de palabras como "gratis", "dinero", etc. puede ser motivo suficiente para destinar tu correo a la bandeja de SPAM.

Combina de manera creativa y con sentido común la escritura de tus correos, varía el vocabulario.

Otras Formas de Evitar la Bandeja de SPAM.

Revisa los rebotes de tus correos y corrige aquellos que se consideren SPAM.

Todos los Autorespondedores te sugieren el índice de rebote de tus correos.

Analiza esa información y haz los ajustes correspondientes.

Libreta de Direcciones.

Una excelente manera de evitar los filtros anti-SPAM es pedirles que agreguen tu dirección a sus contactos.

Puedes mencionarlo debajo de tu formulario de registro o pedírselo en el primer correo.

Es rápido y sencillo, evitará problemas posteriores.

Si su servicio de correo electrónico, detecta que eres uno de sus contactos, asumirá que te conocen y automáticamente "confiará" en tus mensajes.

Recuerda, **muchas personas no lo hacen por sí mismos, tienes que pedírselo.**

Deja que tu Autorespondedor te ayude.

Muchos Autorespondedores tienen un "verificador de SPAM".

Analizarán tu correo y le darán una puntuación.

Esta función no es perfecta, pero te da un punto de referencia de donde partir.

Limpia tu Lista con Regularidad.

Otra forma de aumentar la entrega de tus correos es eliminando aquellas direcciones de correo de tu lista que no han abierto tus correos durante un buen tiempo.

Lo que sucederá cuando elimines esos correos inactivos, es que los índices de entrega aumentarán.

Y esto te sirve también para mejorar la calidad de tu lista.

Segmenta tu Lista.

Otra estrategia que puedes usar es segmentar tu lista.

Eso significa crear "grupos" dentro de tu lista y enviar correos específicos a esos grupos.

Segmentar tus correos para segmentos específicos te permite incrementar las ventas también.

Por ejemplo, si tienes una oferta que convierte bien, es buena idea enviarle un correo a la parte de tu lista que no abrió el correo la primera vez, podrás rescatar varias ventas sin incomodar a quienes ya compraron anteriormente.

Y Recuerda...

Como todo en este curso, PRUEBA, PRUEBA, PRUEBA.

Mientras más pruebes, mejores resultados tendrás.

Porque es la ÚNICA forma de saber qué funciona y qué no.

Eso quiere decir que si envías un correo que piensas que está perfectamente diseñado para maximizar la entrega y los índices de apertura, pero los números te dicen lo contrario, entonces tienes que intentar hacer algo distinto.

Del mismo modo, si envías un correo y resulta que te dio excelentes resultados, entonces tienes que expandirlo, incluso si viola lo que "piensas" que funciona.

Recapitulando:

- **Revisa tus Títulos:**

    a) Evita los términos penalizados como ~~SPAM~~.
    b) No utilices puntos suspensivos.

- En tus correos:

a)   Utiliza una mínima puntuación.
b)   Evita escribir por completo con MAYÚSCULAS.
c)   Evita utilizar colores distintos al negro.
d)   Pide a tus lectores que te agreguen a su lista de contactos.

EJERCICIO

1. Elige 3 correos del archivo "Muestra de Correos".

2. Revisa cada uno de ellos a través del "verificador de SPAM" de tu Autorespondedor.

3. Observa los resultados aplicando lo que has aprendido, ¿por qué crees que obtuvieron esa calificación?

El Marketero inteligente sabe que...

- La entrega de correos es FUNDAMENTAL para su éxito.

- Si tus correos no llegan a la bandeja de entrada y terminan en la de SPAM, no vale la pena ni siquiera, haber enviado el correo.

- Asegúrate de no estar enviando correos basura. (Seguramente has recibido correos así, ya sabes cómo lucen).
- Mantén tus Títulos cortos, claros y concisos.

- Evita utilizar palabras clasificadas como SPAM y no uses demasiada puntuación.

Ahora que ya sabes cómo asegurarte de que tus correos son entregados, aprenderás cómo lograr que hagan lo que quieres que hagan: **hacer click en tus enlaces.**

6.6 El Arte del Copywriting

Ha llegado el momento de compartir contigo mi **Estrategia Dorada** para GARANTIZAR que abran mis correos y optimizar mi negocio de Email Marketing:

Publiredacción para Mejorar los Índices de Apertura y las Conversiones.

Objetivo: **Aprender a utilizar el copy para mejorar tus resultados.**

Al término de esta lección sabrás cómo utilizar los trucos de publiredacción o Copywriting que incrementarán tus índices de apertura y las conversiones.

Tiempo estimado: **15-20 min.**

Antes de comenzar: **Prepárate para tomar notas.**

El Copy: El Corazón de tus Correos.

El Copy o Publiredacción es el corazón de TODO en marketing.

Así como lo lees, todo.

Todo lo que lees es copy, el cuerpo de un correo, el slogan de una bolsa de papas fritas, la caja de cereales, el contenido de un sitio web... ¡todo es copy!

Copy es la información escrita en tu correo.

Cuando escribes tus mensajes, tú eres un publiredactor o copywriter.

La pregunta es... ¿estás escribiendo buen copy?

Puede ser que te gusten los correos que escribes, pero no significa que a tus lectores también.

<u>Las cartas de venta bien escritas generan el deseo de comprar</u>.

Si tus clientes no están abriendo tus correos o haciendo click en tus enlaces, probablemente tiene que ver con la escritura de tu mensaje.

Nadie nace sabiendo escribir. Algunos tienen que esforzarse más e investigar un poco.

El sólo hecho de escribir algo, no te traerá necesariamente buenos resultados. Si así fuera, todos tendrían éxito.

Los principios de un buen copy son muy simples. Cualquiera puede aprenderlos.

Aquí te comparto los aspectos básicos que debes conocer:

1. <u>Cuida tu Gramática y Ortografía.</u>

No significa que tengas que ser un "experto" pero presta atención a los detalles de tu escritura.

Si no lo haces, tus lectores dudarán de que seas alguien profesional y te percibirán como ~~spammer~~.

Si no tienes buena gramática y ortografía, contrata a alguien que edite tus correos.

Puedes conseguir quien te ayude con esta tarea en Fiverr.com por 5 $ por un par de páginas corregidas.

Y como los correos son cortos, en realidad tu costo es mínimo.

2. Aprende algunas Técnicas de Copywriting.

Si estás comenzando a escribir, existen varios recursos en línea que te ayudarán a mejorar tus habilidades de comunicación y eso, sin duda, te ayudará a mejorar como marketero.

Por favor, no seas terco y creas que no necesitas ayuda de otras personas cuando se trata de escribir tu copy.

Yo sigo pidiendo una segunda opinión de otros expertos respecto a mis correos.

Puede haber muchos detalles que realmente incrementen tus conversiones.

Compra algún buen libro sobre Copywriting, hay cientos de opciones.

También puedes buscar en línea el consejo de personajes como Jay Abraham, Gary Halbert, o John Carlton.

Realiza unas cuantas búsquedas y seguramente encontrarás mucha información de valor.

3. Memoriza las 5 Reglas Básicas del Copywriting.

Son reglas simples que utilizo cada vez que me siento a escribir mis mensajes.

Memorízalas, vívelas y serás mejor que el 90% de los marketeros que existen.

a) <u>Si tu título es malo, perderás muchos lectores</u>.

Escribe títulos que hagan imposible para el lector NO abrir tu correo.

Seguramente pasarás más tiempo escribiendo el título que el resto del correo.

b) <u>Escribe oraciones poderosas pero cortas.</u>

Si escribiste 2 párrafos, tal vez sea suficiente con 2 oraciones.

c) <u>No exageres en el uso de adjetivos y adverbios.</u>

d) <u>Escribe párrafos cortos para tus correos.</u>

De 1 ó 2 oraciones cada uno, con no más de 5 líneas.

e) <u>Mantén un tono casual, como cuando</u>

hablas con tus amigos.

4. Revisa tus Indicadores y Realiza los Ajustes Necesarios.

Los mejores publiredactores o copywriters del mundo, tienen anuncios con excelentes conversiones.

Las agencias retan a sus equipos para tratar de mejorar y escribir algo mucho mejor.

Ofrecen excelentes bonos a quienes puedan "mejorar la marca" (el anuncio que tiene mejor desempeño).

Prueban una y otra vez hasta que consiguen lo que quieren.

Medio punto porcentual de mejora en las conversiones, puede significar millones de dólares en ventas para sus clientes.

¿Por qué te menciono todo esto?

Porque **la mejor forma de mejorar tus habilidades como copywriter para tu lista es... revisando tus indicadores.**

Observa que dije "tu lista", pues cada nicho y cada lista de cada nicho, responde diferente.

Así que tienes que revisar las tendencias que siguen tus números y hacer los ajustes pertinentes a tu copy según los altibajos que observes.

Digamos que envías un correo y tus indicadores

reflejan que hubo un aumento en tu Índice de Clicks (CTR) y tu Índice de Apertura.

Averigua qué fue lo que hiciste de manera diferente con ese correo.

Compara con tus otros mensajes e identifica qué fue lo que lo hizo especial y replica tu éxito.

Recuerda, **debes escuchar lo que te dicen los números.**
Te dirán con precisión qué funciona y qué no.

Recapitulando:

- El copy es extremadamente importante. Tiene todo que ver con el marketing.

- Presta atención a cómo te presentas tú mismo.

- Tienes que ser percibido como experto, no como un ~~spammer.~~

- Trabaja en mejorar tus habilidades de Copywriting o contrata a alguien.

- Haz ajustes con base en tus indicadores.

EJERCICIO

1. Lee 2 correos.

Conforme lo hagas, pregúntate si siguen las "5 Reglas Básicas del Copywriting".

2. Ve más allá.

Escribe un correo modelando lo que ves. (El valor de este ejercicio es que podrás escribir un correo utilizando un buen copy.)

El Marketero inteligente sabe que...

- El Copywriting o Publiredacción es una forma de arte y como tal, no cualquiera nace con la habilidad de ser grandioso.

- Pero para conseguir ser grandioso, necesitas trabajar en desarrollar la habilidad, practicar y estudiar.

- Asegúrate de que tus correos hagan que tu lector te perciba como alguien experto y profesional.

- Invierte el tiempo necesario en la creación de tus títulos y encabezados para que tus lectores los abran.

- Revisa tus indicadores para identificar qué es lo que tus lectores quieren.

Estás a punto de concluir el curso.

Queda sólo una lección que te ayudará a superar ese momento por el que pasamos todos los Marketeros.

El momento en el que dices: "¡Esto no está funcionando!"

6.7 ¿Qué hacer cuando lo que haces No está Funcionando?

Créeme, TODOS absolutamente TODOS hemos pasado por aquí...el momento en el que después de seguir el paso a paso de tu mentor, has revisado que todo esté en orden y cuando observas tus resultados te preguntas:

"¿Por qué No Está Funcionando?"

Objetivo: **Aprender por qué la gente puede estarse dando de baja y tú no estás generando ventas.**

Aprenderás por qué la gente decide darse de baja y en definitiva, no comprar lo que le ofreces.

Tiempo estimado: **5-10 min.**

Antes de comenzar: **Prepárate para tomar notas.**

"¿Qué estoy haciendo mal? "

Puedes llegar a un punto en el que sientes que estás haciendo lo correcto.

Sin embargo, tus números te dicen lo contrario:
¡La gente se está dando de baja de tu lista!
Y aquellos que permanecen tal vez no están comprando.

Si te sucede esto, quiero decirte que no estás solo.

A veces las listas se enfrían.

Estas son algunas formas de superar esta situación.

1.   No están comprando.

El PROBLEMA: Parece que no importa qué les digas, la gente no compra lo que les ofreces.

LA RAZÓN PRINCIPAL: Puede ser que no estés ofreciéndoles variedad en los correos que les envías.

Si recuerdas la lección donde aprendiste los tipos de correos, tendrás en mente que **nunca debes enviar UN solo tipo de correo.**

Especialmente los de promoción.

Esto hace que tus lectores se aburran o se molesten.

Con frecuencia los marketeros al ver que tuvieron buena respuesta comienzan a enviar más correos de promoción.

Pero un exceso de este tipo de correos, puede hacer que tu lista se sienta presionada y te comenzarán a ver como ~~spammer~~.

Se darán de baja y por supuesto, no tendrás ventas.

SOLUCIÓN: Dale variedad a tus correos.

No satures a tu lista con correos de promoción o terminarás sin ventas y sin lista.

2. Suscriptores Dándose de Baja

EL PROBLEMA: Estás perdiendo suscriptores, los índices de rebote aumentan y en términos generales, tu lista se está muriendo.

LA RAZÓN PRINCIPAL: Además de la razón del punto anterior (demasiadas promociones), el mayor problema es el mal contenido.

Copiar un artículo con poca calidad y convertirlo en un correo no funciona.

Si todo lo que reciben de ti son correos de promoción y pésimo contenido, ¿cómo te sorprende el resultado?

SOLUCIÓN: Cuando ofreces contenido, asegúrate que sea de CALIDAD.

También varía la FORMA del contenido, no sólo el tipo.

Incluye webinarios, audios, vídeos, citas y enlaces hacia infografías.

LO QUE DEBES EVITAR: COMPRAR SUSCRIPTORES.

El peor error que cometen muchos marketeros cuando enfrentan estos problemas es comprar suscriptores.

Esto es muy distinto a comprar tráfico, cosa que **SÍ** debes hacer.

Lo que **NO** debes hacer es comprar una lista de

correos y agregarla a tu lista SIN permitirles que se registren por sí mismos.

Podrías pensar que es una buena idea, que estarías aprovechando una oportunidad, pero...

¡¡ES UN ERROR!!

El sólo hecho de tener muchos suscriptores no significa que te pondrán atención.

Los correos comprados son una trampa, la gente que está detrás no ELIGIÓ registrarse en tu lista y no tiene el mínimo interés en lo que les ofreces.

Por lo que es una pérdida de tiempo y dinero.
La razón por la que tu interés debe ser, que la gente se registre VOLUNTARIAMENTE a tu lista es, que esas personas **SÍ** tienen un interés legítimo en lo que tienes que decirles.

Recapitulando:

- Dale variedad a tus correos.
- No envíes únicamente correos de promoción.
- Asegúrate de enviar contenido de VALOR.
- No compres listas.

EJERCICIO

Reflexiona por un momento para ubicar dónde te encuentras.

- Crea 5 columnas.

- En la parte superior de cada una, escribe los 5 mayores retos que tienes como Email Marketer.

- Para cada uno, escribe una lista de ideas para superarlos

- Recuerda, como en todo negocio, habrá retos, mientras más consciencia tengas de ellos, mayor será tu habilidad para superarlos.

El Marketero inteligente sabe que...

Si tienes personas que se están dando de baja de tu lista o no están respondiendo bien a tus correos, probablemente los estás aburriendo.

Darle variedad a tus correos y ofrecerles contenido de VALOR, es la mejor forma de resolver esta situación.
¡NO HAY ATAJOS!

¡FELICIDADES!

¡Has concluido el curso y eres todo un Marketer!

Has tomado el control de tu futuro financiero al aprender el Programa del Negocio de 4 Horas que te permitirá construir un negocio altamente rentable.

Te compartí todo lo que sé en este curso, esto es exactamente lo que yo hago, todos los días.

Es lo que me ayudó a salir del peor momento, financieramente hablando, de mi vida.

Así que si aplicas lo que has aprendido, tendrás éxito y podrás generar muy buenas ganancias con tu negocio de Email Marketing.

¿Y ahora qué?

Bueno, has realizado varios ejercicios durante el curso, para este momento ya deberías tener un negocio de Email Marketing.

Si es así, sigue construyéndolo.

Si no has hecho los ejercicios, es importante que los hagas.

Están diseñados para acelerar tu éxito como Marketero.

Sólo sigue paso a paso las instrucciones, revisa cada lección de nuevo y utiliza los ejemplos que te di.

Esa es precisamente su función.

Te deseo la mejor de las suertes con tus esfuerzos en tu negocio de Email Marketing y me encantará conocer tu historia de éxito.

Helio Laguna

www.ingramcontent.com/pod-product-compliance
Lightning Source LLC
Chambersburg PA
CBHW021420170526

45164CB00001B/27